Boran Bogdanow

Unternehmenssteuerung im Zeitalter von Industrie 4.0

Anforderungen an das Controlling

Bibliografische Information der Deutschen Nationalbibliothek:

Die Deutsche Nationalbibliothek verzeichnet diese Publikation in der Deutschen Nationalbibliografie; detaillierte bibliografische Daten sind im Internet über http://dnb.d-nb.de abrufbar.

Impressum:

Copyright © ScienceFactory

Ein Imprint der Open Publishing GmbH

Druck und Bindung: Books on Demand GmbH, Norderstedt, Germany

Covergestaltung: Open Publishing

Inhaltsverzeichnis

Abkürzungsverzeichnis

Aufl.	Auflage
Bd.	Band
BMBF	Bundesministerium für Bildung und Forschung
BMWi	Bundesministerium für Wirtschaft und Energie
bspw.	beispielsweise
bzw.	beziehungsweise
CPS	Cyber-physische(s) System(e)
ERP	Enterprise Resource Planning
et al.	und andere
f.	folgende
Hrsg.	Herausgeber
IGC	International Group of Controlling
ICV	Internationaler Controller Verein
IPRI	International Performance Research Institute
IT	Informationstechnik
ITOP	Institut für Technologie- und Prozessmanagement
o.ä.	oder ähnliches
S.	Seite
vgl.	vergleiche
usw.	und so weiter
z. B.	zum Beispiel
[Datumsangabe]	Abrufdatum der Internetquelle

Abbildungsverzeichnis

Tabellenverzeichnis

1 Einleitung

1.1 Hinführung zum Thema

> „Es ist nicht die stärkste Spezies, die überlebt. Auch nicht die intelligenteste. Es ist diejenige, die sich am ehesten dem Wandel anpassen kann."

Charles Darwin (1809-1882)

Die Existenz eines Unternehmens ist davon abhängig, wie dieses gesteuert und nachhaltig abgesichert wird.[1] Das Fortschreiten der Technologie birgt viele Veränderungen in sich, worauf sich Unternehmen unweigerlich einlassen müssen, um diese für sich nutzbar zu machen.

Nach der Mechanisierung, Elektrifizierung und Informatisierung hat nun seit sechs Jahren die vierte industrielle Revolution Einzug erhalten.[2]

„Industrie 4.0" steht heute für die Digitalisierung der Industrie und entstand erstmals auf der Hannover Messe im April 2011, als ein von der Bundesregierung initiiertes Zukunftsprojekt im Rahmen der Hightech-Strategie 2020.[3] Dies lässt zunächst vermuten, dass es sich um neue Industrietechnologien wie beispielsweise selbststeuernde Roboter oder neuste Lasertechnik handelt, wodurch die Arbeit in der Produktion verbessert und erleichtert wird. Es ist jedoch weitaus umfangreicher und beinhaltet neben innovativen Produktionstechnologien auch neue Kommunikations- und Informationstechnologien für die deutsche Industrie.[4] Ein Teil der Vision von Industrie 4.0 sind Cyber-physische Systeme (CPS), welche neue Möglichkeiten durch das Verschmelzen der virtuellen (cyber) und realen (physischen) Welt, zu einer *„Smart Factory"* oder einem *„Internet der Dinge"*, ermöglichen, sodass Unternehmen in der Lage sind, mehrere Geschäftsprozesse zur selben Zeit, über große Entfernungen hinweg autonom zu koordinieren und zu steuern.[5]

---

[1] Vgl. Kieninger / Schimank (2017), S. 5

[2] Vgl. Kagermann et al. (2013), S. 5

[3] Vgl. BMBF (2016), [11.10.2017]

[4] Vgl. Kagermann et al. (2013), S. 5 und S. 17

[5] Vgl. Gleich et al. (2016a), S. 25

Die Veränderungen durch das technologische Fortschreiten beziehen sich also nicht nur auf die Produktionshallen, sondern haben Einfluss auf das gesamte Unternehmen und darüber hinaus. Die Unternehmenssteuerung, wie sie heute bekannt ist und praktiziert wird, wird es so durch die Digitalisierung in 10 Jahren nicht mehr geben.[6]

Die digitale Transformation fördert die Weiterentwicklung der gesamten Unternehmenssteuerung, wodurch bestehende Geschäftsmodelle grundlegend hinterfragt, neue innovative und leistungsfähige Systeme eingeführt und Prozesse neu gestaltet werden.[7]

Zum gegenwärtigen Zeitpunkt birgt die vierte industrielle Revolution viele Chancen, aber auch sehr viele Risiken, wodurch nicht alle technologischen und organisatorischen Veränderungen in den Unternehmen präzise umgesetzt werden können. Somit können nur auf Basis von konkreten Projekten, Annahmen und realisierbaren Anwendungen die Veränderungen in der Unternehmenssteuerung präzisiert werden.[8]

1.2 Problemstellung der Arbeit

Durch die sukzessive Anpassung der Unternehmen an den gegenwärtigen Wandel der Digitalisierung, fehlt es ihnen nun an erforderlichen fachspezifischen Kompetenzen der Arbeitskräfte, sowie firmenübergreifenden Standards und diversen Sicherheitsmaßnahmen, wodurch die Umsetzung von *„Industrie 4.0"* im Unternehmen gravierend erschwert wird.[9]

Aufgrund des stetig steigenden Kompetenzprofils, durch umfangreichere und autonome Prozesse, sind Mitarbeiter aller Ebenen des Unternehmens auf neue Informationen sowie Kennzahlen angewiesen, um rationale Entscheidungen treffen zu können.[10] Nur so sind sie in der Lage, sich die neuen Technologien greifbar sowie nutzbar zu machen, sodass die große Masse an strukturlosen Datenmengen

---

[6]   Vgl. Kagermann et al. (2013), S. 20

[7]   Vgl. Hillmer (2016), S. 481-486, [12.10.2017]

[8]   Vgl. Fallenbeck / Eckert (2017), S. 136

[9]   Vgl. Gleich et al. (2016a), S. 25

[10]   Vgl. MPDV (2014), S. 2 und S. 25, [18.10.2017]

in Echtzeit mittels *„Big Data"* effizient und zweckmäßig abgebildet werden kann.[11]

Der Unternehmenssteuerung – speziell dem Controlling – wird somit im Zeitalter von Industrie 4.0 eine existenzielle Funktion zugeschrieben, da der stetig steigende Anspruch von Komplexität im Unternehmen eine Umgestaltung der Controller-Aufgaben erfordert[12], woran diese Arbeit anknüpfen soll.

Die Controlling-Hauptprozesse werden durch die vierte industrielle Revolution stark beeinflusst, da diese unter anderem ein hohes Maß an Flexibilität sowie schnelle Entscheidungen voraussetzt, was mit einem bisherigen Perioden-, oder Jahresrhythmus in der Kosten-, Ergebnis-, und Leistungsrechnung im Widerspruch steht.

Das derzeitige Berufsbild des Controllers, welchem primär die Rolle eines Analysten zugeschrieben wird, reicht künftig nicht mehr aus, da er vermehrt in Entscheidungsprozesse des Unternehmens einbezogen wird und nicht nur in der operativen, sondern auch in der strategischen Ausrichtung des Unternehmens eine fundamentale Rolle einnehmen wird.[13]

1.3 Aufbau und Vorgehensweise

Die Zielsetzung dieser Bachelorarbeit ist es, die Unternehmenssteuerung – speziell das Controlling – vor dem Hintergrund von Industrie 4.0 zu beleuchten.

Dabei soll im *zweiten Kapitel* zunächst eine Basis geschaffen werden, indem das Verständnis von Industrie 4.0, dem Controlling und der Unternehmenssteuerung greifbar gemacht wird. Dazu werden vorerst grundlegende Begriffe der Industrie 4.0 erläutert und die Industrie 4.0 selbst in einem historischen Rahmen eingeordnet. Anschließend wird auf die sogenannte *„Smart Factory"* mit ihren spezifischen Merkmalen eingegangen, womit ein besseres Verständnis für die Einsatzbereiche der nachfolgenden technologischen Treiber von Industrie 4.0 erzeugt werden soll. Dies ermöglicht die damit in Verbindung stehenden Chancen und Risiken für das Unternehmen zu konkretisieren. Um das Verständnis von Controlling greifbar zu machen, werden zunächst die Grundlagen und spezifischen Abgren-

---

[11] Vgl. MPDV (2014), S. 3, [18.10.2017]

[12] Vgl. Gleich et al. (2016a), S. 35

[13] Vgl. Gleich et al. (2016a), S. 35 f.

zungen vorgestellt. Dies bildet das Fundament, damit eine Relation zur Unternehmenssteuerung hergestellt und der Wandel der Aufgaben sowie der Rolle der Controller, aus bisheriger und heutiger Sicht, erörtert werden kann.

Darauf aufbauend werden, nach dem kompakten Einstieg, im *dritten Kapitel* die Auswirkungen von Industrie 4.0 auf das Controlling und die Unternehmenssteuerung analysiert und die daraus resultierenden Anforderungen an die Kompetenzen eines Controllers spezifiziert, was den Kern dieser Arbeit darstellt. Um den komplexen Sachverhalt verständlicher zu gestalten, werden die Auswirkungen der Industrie 4.0 kategorisch untergliedert: vor und nach ihrer Umsetzung im Unternehmen. Dabei wird der Fokus vorerst auf den Zeitpunkt vor der Umsetzung von Industrie 4.0 im Unternehmen, mit dessen jeweiligen Veränderungen und Anforderungen an das Controlling, gerichtet, um anschließend darauf aufbauend die Folgen der Umsetzung, zum einen für die Controlling-Hauptprozesse und zum anderen für die Unternehmenssteuerung, zu präzisieren und abschließend das neue Kompetenzprofil des Controllers zu definieren sowie dessen Relevanz im Unternehmen zu hinterfragen.

Das *vierte Kapitel* schließt mit einer Schlussbetrachtung über die zentralen Erkenntnisse der vorliegenden Bachelorarbeit ab.

2 Einführende Definitionen und Erläuterungen

2.1 Die Industrie 4.0

2.1.1 Der Begriff „Industrie 4.0"

Grundsätzlich stellt der Begriff „*Industrie 4.0*" das Weiterentwickeln sowie Einbeziehen von innovativen Kommunikations- und Informationstechnologien im industriellen Anwendungsbereich dar, um die „*intelligente Vernetzung*" im Wertschöpfungsketten- und Fabrikbereich durch die Digitalisierung der Produktionsprozesse zu fördern.[14]

Die Hightech-Strategie mit Planungshorizont 2020 umfasst mehrere Zukunftsprojekte, welche bereits seit dem Jahr 2006 von der Bundesregierung, mit dem Zweck den industriellen Sektor grundlegend zu verändern und somit Deutschland einen entscheidenden Vorteil gegenüber anderen Nationen im internationalen Wettbewerb zu ermöglichen, gefördert werden.[15]

Wie bereits erwähnt verbirgt sich hinter der Innovationsinitiative „*Industrie 4.0*" eines dieser Zukunftsprojekte der Bundesregierung, welches erstmals auf der Hannover-Messe im April 2011 der breiten Öffentlichkeit, als Vorreiter der Informatisierung der deutschen Fertigungstechnik,[16] vorgestellt wurde und welches bereits kurze Zeit später als zentrales Zukunftsprojekt aufgenommen wurde.

Damit hat die Bundesregierung den Grundstein gelegt, um angesichts der stetig steigenden Digitalisierung der deutschen Wirtschaft, aktiv an der Entwicklung zu einer vierten industriellen Revolution mitzuwirken und alle Potenziale auszuschöpfen.[17]

Das Zukunftsprojekt Industrie 4.0 hat für die Bundesregierung das Ziel, Deutschlands Wettbewerbsfähigkeit mithilfe von innovativen Informations- sowie Kommunikations-technologien zu verstärken um somit deutsche Unternehmen sicher im Weltmarkt zu positionieren.[18]

---

[14] Vgl. Sejdic (2015), S. 132

[15] Vgl. Kagermann et al. (2013), S. 81

[16] Vgl. Siepmann (2016a), S. 20

[17] Vgl. BMBF (2016), [11.10.2017]

[18] Vgl. Roth (2016a), S. 5

Das Schlagwort *„Industrie 4.0"*, welches häufig auch als vierte industrielle Revolution beschrieben wird, ruft ein großes öffentliches Interesse hervor,[19] da es eng mit klaren wirtschaftlichen Zielen und Nutzenpotenzialen verbunden ist und es Industrie-unternehmen eine große Chance bietet, sich selbst im globalen Wettbewerb stärker zu differenzieren.[20]

Aufgrund des noch sehr jungen Begriffs *„Industrie 4.0"* existiert eine Vielzahl von unterschiedlichen Definitionen, wodurch eine immer stärkere Unklarheit bei den Unternehmen hervorgerufen wird und sich dadurch mehrfach das Verständnis von Technologie und Vision vermischt.[21] Um jeglichen Unklarheiten entgegenzuwirken und ebenso ein einheitliches Verständnis des Begriffs zu schaffen, hat sich der Lenkungskreis der *„Plattform Industrie 4.0"*, welcher sich aus bedeutenden Vertretern aus Forschung und Praxis zusammensetzt und dessen Start offiziell auf der Hannover Messe im Jahr 2013 bekannt gegeben wurde,[22] auf folgende Definition geeinigt:

> "Der Begriff Industrie 4.0 steht für die vierte industrielle Revolution, einer neuen Stufe der Organisation und Steuerung der gesamten Wertschöpfungskette über den Lebenszyklus von Produkten. Dieser Zyklus orientiert sich an zunehmend individualisierten Kundenwünschen und erstreckt sich von der Idee, dem Auftrag über die Entwicklung und Fertigung, die Auslieferung eines Produkts an den Endkunden bis hin zum Recycling, einschließlich der damit verbundenen Dienstleistungen. Basis ist die Verfügbarkeit aller relevanten Informationen in Echtzeit durch Vernetzung aller an der Wertschöpfung beteiligten Instanzen sowie die Fähigkeit, aus den Daten den zu jedem Zeitpunkt optimalen Wertschöpfungs-fluss abzuleiten. Durch die Verbindung von Menschen, Objekten und Systemen entstehen dynamische, echtzeitoptimierte und selbst organisierende, unternehmensübergreifende Wertschöpfungsnetzwerke, die sich nach unterschiedlichen Kriterien wie bspw. Kosten, Verfügbarkeit und Ressourcen-verbrauch optimieren lassen."[23]

Da im Zusammenhang mit Industrie 4.0 des Öfteren das Wort Revolution fällt, stellt sich die Frage, ob dies die korrekte Bezeichnung ist, oder ob Industrie 4.0 vielmehr einen evolutionären Charakter besitzt.

---

[19] Vgl. Siepmann (2016a), S. 19
[20] Vgl. Gleich et al. (2016a), S. 23
[21] Vgl. Siepmann (2016a), S. 22
[22] Vgl. BMWi (2017), [25.10.2017]
[23] Diegner (2014), S. 9, [24.10.2017]

Um dieser Frage auf den Grund zu gehen, veranschaulicht die nachfolgende Abbildung zunächst die vier industriellen Revolutionen.

Abbildung 1: Industrielle Revolutionen

Quelle: Eigene Darstellung, in Anlehnung an Sejdic (2015), S. 133

Laut Definition handelt es sich bei fundamentalen Veränderungen innerhalb sowie außerhalb des Produktionssektors, durch das Einwirken neuer Technologien und der daraus resultierenden Erhöhung der Produktivität, um eine industrielle Revolution.[24] Da hier jedoch keine grundlegend neuen Systeme erfunden wurden, sondern lediglich mithilfe der Cyber-Physischen-Systeme die für die Automatisierung erforderlichen Kommunikations- und Informationstechnologien aus der dritten industriellen Revolution aufgegriffen sowie weiterentwickelt werden, wird dem revolutionärem Verständnis teilweise widersprochen.[25] Somit stellt der Übergang von der dritten zur vierten industriellen Revolution vielmehr eine evo-

---

[24] Sejdic (2015), S. 132
[25] Vgl. Sejdic (2015), S. 132

lutionäre Weiterentwicklung dar.[26] Ob es sich demnach bei der Industrie 4.0 um eine Revolution, eine Evolution oder eine Vermischung beider Varianten handelt, wird sich erst im Laufe der Untersuchung herausstellen.

2.1.2 Smart Factory – Evolution durch Industrie 4.0

Entgegen aller Euphorie, die mit dem Megatrend Industrie 4.0 und den diversen daraus resultierenden Potenzialen einhergehen, ist sie im Hinblick auf das einzelne Unternehmen Fluch und Segen zugleich,[27] da sich die Umsetzung in der Praxis, trotz unzähliger Anwendungsbeispiele der Industrie 4.0 Technologien, häufig problematisch gestaltet.

„Smart Factory" und *„Internet der Dinge"* sind Begriffe, oder vielmehr Visionen, mit denen Unternehmen im Zeitalter von Industrie 4.0 konfrontiert werden und zu einer gewissen Unsicherheit im Unternehmen führen.

Die Veröffentlichung des am 1. April 1998 sogenannten *„Hyper Text Coffee Pot Control Protocol"* mit der Vernetzung von Kaffeemaschinen zur Steuerung und gleichzeitig zur Überwachung, war in der damaligen Zeit ein gelungener Aprilscherz. Doch aus heutiger Sicht war dies bereits eine der ersten Umsetzungen des Internets der Dinge.[28]

Die sogenannte Smart Factory, die intelligente Fabrik,[29] ist Teil des Internets der Dinge und stellt das Kernelement der Industrie 4.0 dar. Sie lässt sich durch den Einsatz von CPS, welcher als grundlegender Treiber von Industrie 4.0 im Bereich der Produktion und Logistik bezeichnet wird,[30] realisieren[31] und ruft die Verschmelzung der realen mit der virtuellen Welt in Echtzeit hervor.[32]

Die Vision der intelligenten Fabrik steht für eine sich selbst organisierende Produktionsumgebung, also eine intelligente Automatisierung der Produktion, wodurch Fertigungsanlagen, Betriebsmittel, Lager- und Logistiksysteme die Fähigkeit besitzen, zeitgleich und über große Entfernungen hinweg, alle erforderli-

---

26 Vgl. Sejdic (2015), S. 132

27 Vgl. Gleich et al. (2016a), S. 28

28 Vgl. COPA-DATA, S. 8, [25.10.2017]

29 Vgl. Kagermann et al. (2013)

30 Vgl. Tschandl / Mallaschitz (2016), S. 87

31 Vgl. Manzei et al. (2017), S. 11

32 Vgl. Horváth / Michel (2014), S. 12 f.

chen Informationen untereinander auszutauschen, um dadurch selbstständig Programme und Abläufe auszulösen und sich gegenseitig steuern,[33] wodurch der Mensch im Produktionsprozess zunächst überflüssig erscheint.

Dank der CPS wurde der technologische Weg zur Smart Factory geebnet, da eine zentrale Prozesssteuerung nicht mehr zwingend erforderlich ist, sondern auch von Werkstücken direkt übernommen werden kann. Somit können die Umgebungsdaten durch die eingebetteten IT-Systeme analysiert und spezifische Steuerungsbefehle abgeleitet werden, wodurch eine erheblich flexiblere und effizientere Produktion ermöglicht wird.[34]

Dies bedeutet mit anderen Worten, dass die Kommunikationsfähigkeit der CPS eines jeden Objektes, wie beispielsweise Maschinen, Packgüter, Verschleißteile oder anderer Verbrauchsmaterialien einen Fernzugriff in Echtzeit von Mobilen Endgeräten wie Tablet-PCs o.ä. ermöglicht, um dessen Kontrolle und Auswertung zu übernehmen,[35] wodurch eine leichtere Anpassung an externe Anforderungen, wie schwankende Nachfragen oder unerwartete Prozessstörungen, ermöglicht wird.[36] Bei der Umsetzung der Smart Factory nehmen die Beschäftigten eine entscheidende sowie qualitätssichernde Rolle ein, indem sie die intelligent vernetzten Produktionsschritte und -ressourcen nach bestimmten situativen Zielvorgaben steuern, regulieren und gestalten.[37]

Für ein besseres Verständnis, würde die Smart Factory in der Unternehmenspraxis wie folgt aussehen: Die Cyber-Physischen Systeme kommunizieren mit "intelligenten" Materialien. Intelligent steht in diesem Kontext dafür, dass die Materialien ihre spezifischen Eigenschaften, wie Qualität oder Verlauf der individuellen Fertigungs-schritte, auf einen mobilen Datenträger, ähnlich eines Chips, integrieren und permanent mit sich führen. Dies ermöglicht sogenannten Radio-Frequence-Identification-Technologien, dass die Materialien im System durch diese eingebetteten Systeme erfasst werden und so selbstständig ihren jeweiligen Weg durch die Produktion finden. Sollte ein CPS ausfallen, wird nicht der gesamte Fertigungsprozess stillgelegt. Es würde sich automatisch ein anderes System ein-

---

33 Vgl. Kagermann et al. (2013), S. 5
34 Vgl. Kagermann et al. (2013), S. 18
35 Vgl. New Solutions GmbH, [24.10.2017]
36 Vgl. Hirsch-Kreinsen / Weyer (2014), S. 6, [24.10.2017]
37 Vgl. Kagermann et al. (2013), S. 25

schalten, dessen Aufgabe übernehmen und den Materialfluss automatisch neu organisieren.[38]

Durch die Vision der intelligenten Fabrik wird verdeutlicht, dass sich hinter diesem Konstrukt ein Zusammenspiel unterschiedlichster Technologien verbirgt,[39] welche im Laufe dieser Bachelorarbeit noch detaillierter behandelt werden.

Um die Smart Factory in der Praxis umzusetzen und Wirklichkeit werden zu lassen, damit Industrie 4.0 realisierbar ist, sind die folgenden drei Ansätze von immenser Wichtigkeit:[40]

Horizontale Integration über Wertschöpfungsnetzwerke

Eine horizontale Integration steht für die Vernetzung aller vorhandenen IT-Systeme auf der gesamten Wertschöpfungskette eines Unternehmens, die bei einer Unternehmens-grenzen überschreitenden Kooperation zur Anwendung kommen.[41] Dadurch wird die Wertschöpfungskette des Unternehmens zu einem Wertschöpfungs-netzwerk revolutioniert[42] und ist damit in der Lage zeitgleich externe Partner, Konsumenten, Lieferanten und verschiedene Betriebe einzubeziehen.[43]

Aufgrund der dadurch hervorgerufenen steigenden Transparenz zwischen den verschiedenen Unternehmenspartnern, wird eine hohe Flexibilität geschaffen,[44] sodass die Unternehmen Veränderungen, wie Engpässe oder Produktionsrückstände, unmittelbar kompensieren und notwendige Anpassungen initiieren können.

Vertikale Integration und vernetzte Produktionssysteme

Die vertikale Integration steht für die Vernetzung der verschiedenen Hierarchieebenen eines Produktionssystems im Unternehmen, wie die Steuerungsebene, Produktions-leitung, Planungsebene sowie Sensor- und Aktorebene, durch ver-

---

[38] Vgl. Scheer (2015), S. 444
[39] Vgl. Siepmann (2016b), S. 37
[40] Vgl. Kirsch (2016), S. 124 und Kagermann et al. (2013), S. 24
[41] Vgl. Kagernabb et al. (2013), S. 24
[42] Vgl. BMWi (2015), S. 5, [02.11.2017]
[43] Vgl. Siepmann (2016b), S. 38
[44] Vgl. Köhler et al. (2015), S. 20

schiedene integrierte IT-Systeme.[45] Diese Vernetzung ermöglicht dem Produktionssystem, dank der vereinfachten und schnelleren Kommunikation zwischen den unterschiedlichen Ebenen, die Beherrschung von umfangreichen Prozessabläufen, wodurch kurzfristig und flexibel auf individuelle Kundenwünsche eingegangen werden kann.[46] Aufgrund des Hinarbeitens der miteinander verknüpften Maschinen auf die effizienteste Durchlaufzeit, Qualität sowie Auslastung, wird der Produktionsprozess optimiert.[47]

Digitale Durchgängigkeit des Engineerings über die gesamte Wertschöpfungskette

Eine vollständig digitalisierte Durchgängigkeit des Engineerings über den Produkt-lebenszyklus im Unternehmen bildet das Fundament, damit die horizontal und vertikal vernetzten Systeme erfolgreich umgesetzt werden können.[48]

Nur durch diese digitale Durchgängigkeit wird der Einsatz von verschiedenen IT-Systemen über die Wertschöpfungskette hinweg, angefangen von der Produktentwicklung bis hin zur Produktion, vollständig ermöglicht.[49]

Die durch diese drei Ansätze erzeugte Transparenz zwischen den Unternehmen und den Produktions- sowie Geschäftsprozessen, wird ein permanenter Informationsfluss generiert,[50] sodass sich die selbstorganisierende intelligente Fabrik mit allen erforderlichen Informationen selbst versorgen und einen spezifischen Produktions-prozess uneingeschränkt veranlassen kann.[51]

Das Zusammenspiel dieser Ansätze verfolgt das Ziel, die Produktivität im Unternehmen durch die Automatisierung der Prozesse zu optimieren,[52] wodurch der Zuständigkeits-bereich der Controller in Zukunft stark von dem heutigen variieren wird und damit eine Neuausrichtung des Controllings, aufgrund der in Echtzeit zu steuernden und durch die horizontale und vertikale Integration veränderten Organisationsprozesse, vorausgesetzt wird.[53] Es wird ersichtlich, dass eine

---

[45] Vgl. Kagermann et al. (2013), S. 24
[46] Vgl. Köhler et al. (2015), S. 20
[47] Vgl. Hung vo (2015), S. 38
[48] Vgl. Kagermann et al. (2013), S. 35
[49] Vgl. Kahermann et al. (2013), S. 36
[50] Vgl. Kagermann et al. (2013), S. 27
[51] Vgl. Kagermann et al. (2013), S. 36
[52] Vgl. Biel (2015), S. 28
[53] Vgl. Biel (2015), S. 31

durchgängige Umsetzung der Vision einer Smart Factory im Unternehmen mit Bedacht gewählt werden sollte, da sie eine gravierende Erhöhung der Komplexität des Gesamtsystems verkörpert.[54]

Diese Anpassung der Unternehmen an die Industrie 4.0, durch die schrittweise fortschreitenden Verbesserungs- sowie Weiterentwicklungsprozesse und der Vernetzung intelligenter Produktionsanlagen, kann als Evolution verstanden werden, in welcher die bestehenden Geschäftsprozesse und -modelle stetig und essenziell verbessert werden.[55]

2.1.3 Technologische Treiber – Sicherung des zukünftigen Erfolgs der Unternehmen

Wie bereits erwähnt birgt die Industrie 4.0 unterschiedlichste miteinander ko-operierende Technologien, welche den nachfolgenden Kategorien zugeordnet werden können:[56]

Cyber-Physische Systeme (CPS)

In der Smart Factory ist der Begriff schon mehrmals gefallen, wodurch dessen technologische Schlüsselrolle bei der Umsetzung von Industrie 4.0 bereits ersichtlich wurde.

CPS implizieren die Verknüpfung der physischen realen Objekte und Prozesse, wie beispielsweise Produktionsanlagen oder Werkzeuge, mit den virtuellen in-formations-verarbeitenden Objekten und Prozessen im Unternehmen, sodass ein Informations-netzwerk entsteht auf das jederzeit zurückgegriffen werden kann.[57]

Damit diese Kommunikation zwischen den realen und virtuellen Prozessen aller-dings erst ermöglicht werden kann, sind die physischen Prozesse mit sogenann-ten „*Embedded Systems*" ausgestattet.[58]

Diese *Embedded Systems* sind in Maschinenteile, Materialien, Geräte und Anlagen eingebaute und mittels Internet miteinander verbundene Aktoren und Senso-

---

[54] Vgl. Scheer (2015), S. 444

[55] Vgl. Gleich et al. (2016a), S. 30

[56] Vgl. BMWi (2015), S. 8, [02.11.2017]

[57] Vgl. Siepmann (2016a), S. 23

[58] Vgl. BMBF (2013), S. 6, [02.11.2017]

ren.[59] Das Ziel ist es den Komponenten mittels dieser Sensoren, Prozessoren sowie Speicher eine *„künstliche"* Intelligenz zu verleihen, sodass sie in der Lage sind über eine geeignete Infrastruktur, wie dem Internet, miteinander zu kommunizieren, sich eigenständig mit allen erforderlichen Informationen in Echtzeit zu versorgen und sich letztendlich optimieren zu können.[60]

Zusammenfassend ist die Funktion der CPS das Erfassen von Daten aus der realen physischen Welt, wie Temperatur oder Druck, mittels Sensoren, um diese dann netzbasierten Diensten zur Verfügung zu stellen, wodurch diese Daten dann gespeichert werden und durch Aktoren auf reale Vorgänge, wie das Steuern von Maschinen im Produktionsbereich, angewandt werden können.[61] Die reale Welt verschmilzt mittels intelligent programmierter Mikroprozesstechnik sowie Webtechnologie mit der virtuellen Welt zu dem Internet der Dinge,[62] bei der kommunikationsfähige und automatisierte *„Dinge"* unmittelbar miteinander in Verbindung stehen.[63]

Big Data

Um die durch die Cyber-Physischen Systeme anfallende immense Masse an unterschiedlichsten Datenmengen möglichst effizient und zeitnah zu verarbeiten, sind Systeme wie Big Data erforderlich.[64]

Big Data steht daher für den Umgang mit diesen stetig wachsenden heterogenen Datenmengen, da solche Daten nur brauchbar sind, wenn aus ihnen relevante Informationen abgeleitet werden können.[65] Die aus den Daten gesammelten Informationen werden anschließend über Analysetools verdichtet und verarbeitet, damit sich zukünftige Ereignisse prognostizieren lassen und Prozesse sowie Maschinen optimal gesteuert werden können.[66]

Der Begriff Big Data bezeichnet somit eine echtzeitbasierte Verarbeitung und Analyse immenser, unstrukturierter sowie konstant fließender Datenmengen aus

---

[59] Vgl. BMBF (2013), S. 6, [02.11.2017]
[60] Vgl. Grawe (2016), S. 362 f.
[61] Vgl. ICV (2015), S. 11, [29.10.2017]
[62] Vgl. Kagermann (2014), S. 603
[63] Vgl. Grawe (2016), S. 363
[64] Vgl. Gleich et al. (2014), S. 27
[65] Vgl. Schöning / Dorchain (2014), S. 548
[66] Vgl. Gleich et al. (2014), S. 67

unterschiedlichsten Datenquellen, um fundierte Informationen zu erzeugen und die Führungskräfte bei der nutzenschaffenden Entscheidungsfindung adäquat zu unterstützen.[67]

Um einen Bezug zur Praxis herzustellen, genügt ein Blick in das Controlling, worin Big Data für die operative Planung sowie für das Forecasting einige Potenziale bereithält. Bei diesen Aufgaben stehen einige Unternehmen bislang noch großen Herausforderungen gegenüber, da sich zum einen der Planungsprozess eher mühsam gestaltet, viel Zeit in Anspruch nimmt und dessen Ergebnis in vielen Fällen nicht exakt oder zufriedenstellend ausfällt und zum anderen die Erstellung von präzisen Forecasts aufgrund steigender Schwankungen im Geschäftsbereich erheblich erschwert wird.[68] Big Data soll hier anknüpfen und dieser Problematik entgegenwirken, indem beispielsweise durch eine steigende Rechenleistung die Möglichkeit erzeugt wird, verschiedene Einflussfaktoren mit dessen jeweiligen Wechselwirkungen in unterschiedlichen Szenarien einzubeziehen und so eine eventuelle Marktentwicklung zu simulieren sowie dessen Auswertung in Echtzeit durchzuführen. Mit dieser Berücksichtigung aktueller Daten wird die Qualität der Forecasts signifikant erhöht und führt zu schnelleren, zuverlässigeren Planungsergebnissen.[69]

Dieser Punkt wird jedoch im Laufe dieser Arbeit noch ausführlich behandelt.

Cloud Computing

Das Cloud Computing stellt ein Speichernetzwerk für die bedarfsgesteuerte Datenerhebung, wie Big Data, der Unternehmen über das Internet dar, in welchem alle notwendigen IT-Ressourcen, Softwareanwendungen, Online-Dienste sowie Geschäftsprozesse zu jedem Zeitpunkt abgerufen werden können.[70] Diese riesigen Speicher- und Rechnerkapazitäten werden von einem externen Anbieter erworben und damit auf ortsunabhängigen Rechnern im Internet zur Verfügung gestellt. Dadurch müssen Unternehmen so gut wie keine Investitionsrisiken ein-

---

[67] Vgl. ICV (2014), S. 5, [03.11.2017]

[68] Vgl. Hess / Gschmack (2015), S. 259

[69] Vgl. Hess / Gschmack (2015), S. 259

[70] Vgl. Kagermann (2014), S. 603

gehen, da diese Dienste für Jedermann zur Verfügung gestellt werden, nur die Nutzungskosten bezahlt werden müssen und damit kein Kapital gebunden wird.[71]

Die somit ausgelagerten Daten, die durch CPS oder Big Data erfasst wurden, in eine externe Cloud, führen zu freien Speicherkapazitäten im lokalen Unternehmen und gewährleisten damit neuen frei verfügbaren Speicherplatz sowie verbesserte Rechenleistung.[72]

Trotz der stetig fortschreitend intelligenten und selbststeuernden Produktion, wird die Rolle des Menschen bei diesem vollautomatisierten Prozess nicht unbrauchbar.[73]

Sie wird lediglich verlagert, da der Mensch die letzte Steuerungs- sowie Überwachungs-instanz darstellt, um bei Störungen, welche die vernetzten Prozesse nicht selbstständig beheben können, einzugreifen und so den reibungslosen Ablauf der Systeme zu kontrollieren sowie sicherzustellen.[74] Diese Technologien verfolgen somit alle dasselbe Ziel – die Produktivität zu steigern und damit die zukünftige Existenz des Unternehmens sowie dessen Erfolg im internationalen Wettbewerb zu sichern.

2.1.4 Potenziale und Risiken durch Industrie 4.0

2.1.4.1 Potenziale

Wie sich mittlerweile erahnen lässt birgt die Industrie 4.0 etliche Potenziale, insbesondere Individualisierung, Flexibilisierung und Produktivitätssteigerung für das Unternehmen, welche sich neben dem Produktionsprozess auf die gesamte Wertschöpfungskette des Unternehmens auswirken.[75] Die spezifischen Potenziale und den daraus resultierenden Möglichkeiten für das Unternehmen stehen in einer permanenten Wechselwirkung zueinander, wodurch deren konkrete Abgrenzung mit dem resultierenden Nutzen für das Unternehmen erschwert wird.[76]

---

[71] Vgl. Kagermann (2014), S. 603

[72] Vgl. Siepmann (2016c), S. 55

[73] Vgl. Siepmann (2016c), S. 63

[74] Vgl. Siepmann (2016c), S. 63

[75] Vgl. Roth (2016a), S. 6

[76] Vgl. Roth (2016a), S. 7

Die Potenziale die sich aus der Industrie 4.0 ergeben, könnte man in nachfolgende Kategorien einordnen.

Individualisierung

Die Industrie 4.0 befähigt Kunden, durch das durchgängige digitale Engineering, ihre Produkte individuell sowie kurzfristig so zu gestalten, wie es ihren Wünschen entspricht.[77] Kunden können ihr Produkt, neben dem äußerlichen individuell gestaltbaren Erscheinungsbild, mit zusätzlichen Funktionen, bestimmten Leistungsausprägungen oder einer Vielzahl von anderen Extras ausstatten,[78] wodurch sie aktiv im Produktionsprozess integriert werden.

Flexibilisierung

Die zunehmende Flexibilisierung der Unternehmen, durch die Ad-hoc-Vernetzung der Cyber-Physischen Systeme[79] und des durchgängig digitalisierten Engineerings, bewirkt eine dynamische Geschäftsprozessgestaltung, eine sofortige Reaktion auf externe Veränderungen sowie eine durchgehend digitale Echtzeitanalyse im Produktions-bereich.[80]

Produktivitätssteigerung

Eine optimale Ressourcenproduktivität und -effizienz, also eine möglichst maximale Ausbringung an Produkten bei minimalem Ressourceneinsatz, bildet den Grundstein für eine Steigerung der Produktivität eines Unternehmens.[81] Die Umsetzung erfolgt über die CPS, wodurch Produktionsprozesse im gesamten Wertschöpfungsnetzwerk optimiert werden und damit geringere Emissionen und sinkende Ressourcen- sowie Energieverbräuche hervorgerufen werden.[82]

2.1.4.2 Risiken

Neben diesem Ausschnitt an Potenzialen der Industrie 4.0 für das Unternehmen, stehen nachfolgende Risiken den Erfolgspotentialen erschwerend im Weg.

---

[77] Vgl. Kagermann et al. (2013), S. 19

[78] Vgl. Lindemann et al. (2006), S. 10

[79] Vgl. Kagermann et al. 2013), S. 20

[80] Vgl. Roth (2016a), S. 7 und Kagermann et al. (2013), S. 20

[81] Vgl. Kagermann et al. (2013), S. 20

[82] Vgl. Kagermann et al. (2013), S. 20

Die zunehmende Vernetzung der Systeme zu einem Internet der Dinge führt gleichzeitig zu großen Sicherheitslücken. Ein Stichwort dafür sind Cyber-Angriffe,[83] oder Industriespionage, woraufhin erst reagiert wird nachdem der Entwicklungsprozess abgeschlossen ist und bereits konkrete Sicherheitsvorfälle aufgetreten sind. [84] Um den Cyber-Angriffen und den daraus resultierenden Know-How-Verlusten, Zerstörung von Daten oder Diebstählen von Produktdaten sowie personenbezogenen Daten entgegenzuwirken,[85] werden Sicherheitsarchitekturen entwickelt, deren Funktion darin besteht, Verhaltensanomalien frühzeitig zu erkennen, um dadurch korrumpierte und beschädigte Dateien zu ersetzen.[86] Ähnlich einem selbstreinigendem Antivirus-programm.

Neben der Cyber-Security[87] muss die Industrie 4.0 in die Sicherheitsarchitekturen ausfallsichernde Maßnahmen integrieren, da sie von externen Datenquellen stark abhängig ist und daher ein Systemausfall der IT basierten Anwendungen im Unternehmen, dank der zunehmenden Digitalisierung und der Vernetzung der gesamten Wertschöpfungskette sowie bei Nichtverfügbarkeit von Daten in der Cloud, ein Komplettausfall der Produktion herbeigeführt werden würde.[88]

Die Industrie 4.0 muss Wege finden um zum einen ihre Vertraulichkeit zu erhöhen indem der Zugriff auf Daten und Dienste von technischen und personenbezogenen Nutzern abgeriegelt werden kann, zum zweiten ein gewisses Maß an unversehrten Daten sowie eine fehlerfreie Funktion der Dienste gewährleistet wird und zum dritten die Verfügbarkeit der Systeme nicht beeinträchtigt wird.[89]

Neben den Sicherheitsrisiken besteht eine weitere Herausforderung darin industrielle Infrastrukturen zu aktualisieren und zu standardisieren, um durch die nachgerüsteten Netzwerkstellen den Datenaustausch zu gewährleisten.[90] Zusätzlich ist eine Sensibilisierung der Mitarbeiter erforderlich, um mit der neuen „Pro-

---

[83] Vgl. Sendler (2013), S. 137

[84] Vgl. Kagermann et al. (2013), S. 52

[85] Vgl. Siepmann / Roth (2016), S. 255

[86] Vgl. Kagermann (2014), S. 610

[87] Vgl. Kagermann et al. (2013), S. 53

[88] Vgl. ICV (2015), S. 19, [29.10.2017]

[89] Vgl. Kagermann et al. (2013), S. 51

[90] Vgl. Kagermann et al. (2013), S. 52

duktion 4.0„ umgehen zu können und ausreichend für die Bewältigung der immensen Sicherheitsanforderungen geschult zu sein.[91]

Um den Risiken und Herausforderungen von morgen Einhalt zu gebieten und die Potenziale der Industrie 4.0 im Unternehmen erfolgreich umzusetzen und deren Potenziale zu nutzen, sind neue Formen des Controllings unabdingbar.[92]

2.2 Das Controlling

Bevor sich diese Bachelorarbeit den fundamentalen Auswirkungen der Industrie 4.0 auf das Controlling widmet, soll im Folgenden zunächst das Controlling von heute beleuchtet werden.

2.2.1 Grundlagen, Abgrenzung und die Relation zur Unternehmenssteuerung

Das Controlling hat sich in der Praxis seit den 1950er-Jahren in Deutschland etabliert, sodass, nach anfänglicher Zurückhaltung, Controllerstellen mit wachsendem Umfang Ende der 1960er-Jahren in Großunternehmen zu finden waren.[93] Die Durchsetzung in der Wissenschaft erfolgte wesentlich später. Bis heute existiert kein einheitliches Verständnis des Begriffs *„Controlling"* in der Literatur, woraus sich schlussfolgern lässt, dass es derzeitig im wirtschaftswissenschaftlichen Bereich umstritten ist.

> "Jeder hat seine eigene Vorstellung darüber, was Controlling bedeutet oder bedeuten soll, nur jeder meint etwas anderes."[94]

Es existiert demnach eine Vielzahl von unterschiedlichen Definitionen, welche nachfolgend versuchen den Begriff zu erklären.

Die zentrale Definition des Controllings liegt laut *P. Horváth / R. Gleich / M. Seiter* in der Unterstützung der Unternehmensführung, wodurch hauptsächlich eine zielorientierte Koordination von Informationsbeschaffung, Planung sowie Kontrolle, für eine Sicherung der Koordinations- und Anpassungsfähigkeit des Unternehmens, gewährleistet werden soll.[95]

---

[91] Vgl. Kagermann et al. (2013), S. 55

[92] Vgl. Gleich et al. (2016a), S. 35

[93] Vgl. Küpper et al. (2013), S. 3

[94] Preißler (2000), S. 12

[95] Vgl. Horváth et al. (2015), S. 58

J. Weber und *U. Schäffer* waren, neben des ähnlichen Verständnisses des Controllings zur Koordination des Führungssystems wie *P. Horváth / R. Gleich / M. Seiter*, der Ansicht, die Perspektive zu erweitern, sodass Controlling die Aufgabe zur Sicherung der Rationalität der Führung besitzt.[96] Sie gehen von einem verhaltensorientiertem Controlling aus, dessen Kern darin liegt die Wollens- und Könnens-Beschränkungen der Führungsebene zu erkennen und zukünftig in Form von Kontrolle, Planung oder Informationsbeschaffung zu minimieren oder zu eliminieren.[97]

Nach *A. Deyhle* sorgt der Controller für eine Methodik der Erreichung der Gewinnziele einer Unternehmung, wodurch das Rechnungswesen als Haupttätigkeitsbereich in den Vordergrund gerückt wird. *Deyhle* ist der Ansicht, dass ein Controller selbst nichts kontrolliert, sondern dass er andere Unternehmensmitarbeiter dazu befähigt sich selbst zu kontrollieren, um Gewinnziele des Unternehmens und von der Planung vorgesehene Maßstäbe zu erreichen und einzuhalten.[98]

Dieser Ausschnitt an unterschiedlichen Definitionen zeigt, dass es unmöglich ist ein einheitliches Verständnis von Controlling zu schaffen, da eine einzige Definition nichts über das gesamte Phänomen aussagen würde. Es sollte nach einer offenen Theorie des Controllings gestrebt werden, um alle Erscheinungsformen des Controllings zu berücksichtigen.[99] Durch die Grundaussage der verschiedenen Definitionen erschließt sich die Funktion des Controllings zur Sicherstellung einer ergebnisorientierten Steuerung, Planung und Kontrolle der Unternehmensführung.

Die Relation des Controllings zur Unternehmenssteuerung wird durch die Abgrenzung in ein operatives und ein strategisches Controlling, also einer kurz- bis mittelfristigen Planung und Kontrolle und einer langfristigen Planung und Kontrolle von Erfolgspotentialen, ersichtlich.

Das operative Controlling entstand als eine Art Mittelsmann mit einer unterstützenden Funktion zwischen der operativen Planung der Unternehmensführung, welcher es an einem Bezug zur Realität mangelt, und der derzeitigen wirtschaftli-

---

[96] Vgl. Weber / Schäffer (2016a), S. 60
[97] Vgl. Weber / Schäffer (2016a), S. 60
[98] Vgl. Preißler (2000), S. 14
[99] Vgl. Weber / Hirsch (2002), S. 161 f.

chen Tätigkeit.[100] Die Kernfunktion des operativen Controllings ist die Sicherung des geplanten kurz- und mittelfristigen Erfolgs und Gewinns eines Unternehmens, indem es bei dessen Gefährdung steuernd in den Betriebsablauf eingreift.[101] Das operative Controlling hat seine Wurzeln in dem Soll-Ist-Vergleich,[102] wodurch es Gegenwartsbezogen ist, durch quantifizierbare Größen bestimmt wird, bereits abgeschlossene Perioden umfasst und in der Serviceebene, zur Untersuchung von Anregungen und Pilotprojekten, eines Unternehmens zu finden ist.[103] Die Formalziele des Operativen Controllings sind Kostenreduzierung, Effizienzsteigerung und Kapitalverringerung.[104]

Das strategische Controlling dient als Verbindung der strategischen Planung mit den operativen Zahlen eines Unternehmens,[105] wodurch die fortlaufende Existenz des Unternehmens, durch langfristige Planung und Kontrolle der Erfolgspotenziale, gesichert werden soll.[106]

Mithilfe des strategischen Controllings wird dem Unternehmen eine schnellere Anpassungsfähigkeit an Umfeldveränderungen gewährleistet, indem externe Chancen und Risiken mit unternehmensinternen Stärken und Schwächen abgeglichen werden und daraus Strategien zur Steigerung des Unternehmenswertes entwickelt werden.[107]

Die Hauptaufgaben setzen sich aus der Förderung der strategischen Planung, der Realisierung der strategischen Planung in der operativen Planung und der Bildung und Umsetzung der strategischen Kontrolle zusammen.[108]

Die nachfolgende Abbildung verdeutlicht nochmals die klare Abgrenzung des operativen und strategischen Controllings:

---

[100] Vgl. Buchholz (2009), S. 8

[101] Vgl. Wermter (2014), S. 23

[102] Vgl. Buchholz (2009), S. 8

[103] Vgl. Wermter (2014), S. 23 f.

[104] Vgl. Peemöller (1990), S. 136

[105] Vgl. Buchholz (2009), S. 9

[106] Vgl. Baum et al. (2013), S. 8

[107] Vgl. Baum et al. (2013), S. 9

[108] Vgl. Peemöller (1990), S. 106

Abgrenzungsmerkmale	Operatives Controlling	Strategisches Controlling
Zentral verfolgte Zielgrößen	Gewinn, Rentabilität, Liquidität, Produktivität	Sicherung der Langfristigen Unternehmensexistenz
Vorherrschende Orientierung	Primär Unternehmeninnenwelt	Primär Unternehmenumwelt
Zeithorizont	Primär kurzfristig (z.B. 1 Jahr), im Rahmen rollierender Steuerung auch mittelfristig	Langfristig, nicht a priori begrenzt (aber: ökonomischer Horizont)
Berücksichtigte Informationen	Primär Kosten und Erlöse; daneben Leistungsgrößen	Sehr heterogen, bezogen auf die Art der Informationen (z.B. relevante Marktpositionen, Wettbewerbsvorteile)
Freiheitsgrad	Weitgehende Konstanz der grundsätzlichen Ziele und Handlungsmöglichkeiten	Bewusste Veränderbarkeit aller Planungs- und Kontrollparameter (Ziele, Handlungsalternativen)
Strukturierungs- / Formatisierungsgrad	Stark strukturiertes und formalisiertes Vorgehen	Beschränkung auf die Vorgabe eines Vorgehensrahmens
Autonomiegrad der Controller	Nebeneinander autonome Aufgabenfelder des Controllings und kooperativ mit anderen Stellen zu bearbeitender Aufgabengebiete	Notwendigkeit einer sehr engen Zusammenarbeit mit anderen Stellen in allen Phasen des strategischen Controllings
Organisation	Zentrales oder dezentrales Controlling	Zentrales Controlling

Tabelle 1: Operatives und strategisches Controlling

Quelle: Eigene Darstellung, in Anlehnung an Jórasz (2009), S. 10

Somit bildet Controlling das Fundament in der Unternehmenssteuerung, die Unternehmensführung hinsichtlich Planung, Kontrolle und Sicherung koordinierend zu unterstützen, Erfolgspotenziale zu erreichen und Wege zu erschließen, um die optimalen Dinge, mit der effizientesten Umsetzung durchzuführen.

2.2.2 Ziele, Aufgaben und Rolle der Controller

Wie anhand des vorangestellten Gliederungspunktes bereits ersichtlich wurde, liegt das primäre Ziel des Controllings in der Unterstützung von Entscheidungsträgern im Unternehmen, sodass sie in der Lage sind im täglichen Geschäft die richtigen Entscheidungen, auf fundierten Erkenntnissen hinsichtlich der Sicherung des Unternehmenserfolgs, zu treffen.

Neben der Rolle als Unterstützer und der Sicherung von Erfolgen, ist das Controlling mitwirkend für die Erreichung von Unternehmenszielen verantwortlich.[109]

Die zentralen Aufgabenschwerpunkte des Controllings sind die Koordination des Planungssystems, Kontrollsystems sowie des Informationsversorgungssystems,[110] welche nachfolgend genauer erläutert werden.

Das Planungssystem nimmt im Unternehmen eine essenzielle Rolle ein, da es die Funktion eines systematischen, zukunftsorientierten Informationsverarbeitungsprozesses ausübt,[111] indem Ziele, Maßnahmen, Wege und Mittel zur zukünftigen Zielerreichung des Unternehmens festgelegt werden.[112] Die Unternehmensplanung dient zudem einer steigernden Unternehmenseffizienz, der Erkennung von Risiken sowie deren Eliminierung, der Schaffung von Synergieeffekten, einer erhöhten Flexibilität[113] und lässt sich in drei Ebenen aufspalten:

Die operative Planungsebene, mit Planungshorizont von einem Jahr, besteht aus zwei Teilfeldern, der Sachzielplanung, welche sich auf gewinnbringende Umsetzungen des Unternehmens im darauffolgenden Jahr mittels Beschaffungs-, Produktions- und Absatzplanung bezieht und der Formalzielplanung, welche sich auf die erfolgreiche Budgetierung des Unternehmens bezieht.[114]

Die taktische Planungsebene, mit Planungshorizont von zwei bis fünf Jahren, ähnelt im Vorgehen der operativen Planungsebene und knüpft an dessen Ergebnisse an, indem sie als Hochrechnung dient und damit das Fundament für die dritte Planungsebene erzeugt.[115]

---

[109] Vgl. Horváth et al. (2015), S. 57

[110] Vgl. Weber / Schäffer (2016a), S. 26

[111] Vgl. Weber / Schäffer (2016a), S. 269

[112] Vgl. Horváth et al. (2015), S. 68

[113] Vgl. Horváth et al. (2015), S. 68

[114] Vgl. Weber / Schäffer (2016a), S. 274 f.

[115] Vgl. Weber / Schäffer (2016a), S. 275

Die strategische Planungsebene, mit Planungshorizont ab fünf Jahren, dient der Positionierung des Unternehmens im internationalen Wettbewerb, indem Erfolgspotenziale geplant und Wettbewerbsstrategien entwickelt werden.[116]

Das Kontrollsystem interagiert mit dem Planungssystem, indem es auf die aktuelle und wesentliche Durchführung sowie die Prognosefähigkeit der Planungsprozesse abzielt, um damit eine Verringerung der Ungewissheit im Unternehmen hervorzurufen.[117] Die Funktion des Kontrollsystems im Unternehmen teilt sich in (1) Dokumentation, welche nur durch das Einhalten von vorher festgelegten internen sowie externen Normen eine eigenständige Bedeutung erhält, (2) Steigerung des Handlungspotenzials, mithilfe von Lernprozessen, welche sich auf die Ist- und Sollwerte des zu kontrollierenden Objektes beziehen und (3) die Sicherung der Zielerreichung, indem das Verhalten des Kontrollobjektes durch die abgeleiteten Lernprozesse beeinflusst wird, um es in die richtige Richtung zu lenken und den Erfolg zu steigern.[118]

Zu den Kontrollaufgaben zählt die Durchführung eines Vergleichs der Plan-Daten und den Ist-Ergebnissen, in Form von Ergebniskontrollen, um vorgefallene Abweichungen zu ermitteln, deren Ursachenschwerpunkte mittels einer Abweichungsanalyse festzustellen und sie nachhaltig zu beheben.[119]

Das Informationsversorgungssystem basiert auf dem Berichts- und Rechnungswesen des Controllers im Unternehmen, dessen Funktion in der Ermittlung des Informations-bedarfs und der Beschaffung sowie Aufbereitung der erforderlichen Daten liegt, sodass er in der Lage ist die relevanten Informationen abzuspeichern und der Unternehmens-leitung, zur Steuerung auf deren Ziele hin, zu übermitteln.[120]

Die Informationsversorgung verfolgt daher das Ziel die Managementebene mit allen erforderlichen Informationen zur Erfüllung der Führungsaufgaben zu versorgen, um beispielsweise einem Rationalitätsengpass, durch fehlende oder unzureichende Informationen, entgegenzuwirken.[121] Diese Versorgung des Manage-

---

[116] Vgl. Weber / Schäffer (2016a), S. 275

[117] Vgl. Horváth et al. (2015), S. 71

[118] Vgl. Weber / Schäffer (2016a), S. 270 f.

[119] Vgl. Weber / Schäffer (2016a), S. 285

[120] Vgl. Horváth et al. (2015), S. 179

[121] Vgl. Zyder (2006), S. 76

ments mit Informationen bezieht sich auf Bereichsfelder des Rechnungswesens, wie Statistik, Budgetierung, Steuern, Interne Revision oder jegliche materiellen Veränderungen des Rechnungswesens,[122] wobei die Qualität der bereitgestellten Informationen und dessen eingesetzten IT-Systeme eine essenzielle Rolle für das Unternehmen einnimmt.[123]

Durch ein Planungs- und Kontrollsystem auf der einen Seite und ein Informations-versorgungssystem auf der anderen, entsteht ein immenser Koordinationsbedarf für das Controlling.[124]

Die Koordinationsaufgaben beziehen sich dabei nicht nur auf die Interaktionen zwischen den Systemen, wie das Vergleichen der durch das Planungs- und Kontrollsystem hervorgebrachten Informationen, sondern wirkt innerhalb dieser Systeme, um eine interne unternehmensbezogene Abstimmung sowie eine integrierende Verknüpfung der Systeme hervorzurufen und damit die Führungsebene effektiv zu unterstützen.[125]

Um den Koordinationsproblemen adäquat entgegenzuwirken bedarf es gewissen Organisationsstrukturen, sodass ein koordiniertes Handeln durch die Verhaltensbeeinflussung bewirkt werden kann und so eine Verbindung zur Personalführung hergestellt wird.[126] Stets mit dem Ziel des Controllings, die Effizienz und Effektivität des Unternehmens zu steigern und die Rationalität der Führung zu sichern.[127]

Nach dem immensen Spektrum an unterschiedlichen Aufgaben des Controllers wird dessen existenzielle Rolle im Unternehmen ersichtlich. Das Rollenbild des Controllers ist allerdings in einem gravierenden Wandel, sodass er heute und in nächster Zukunft als interner Berater, ökonomisches Gewissen, Unternehmenssteuerer oder Change Agent, sozusagen als Antreiber von Veränderungen im Unternehmen,[128] agiert.[129]

---

122 Vgl. Weber / Schäffer (2016a), S. 21

123 Vgl. Zyder (2006), S. 76

124 Vgl. Weber / Schäffer (2016a), S. 24

125 Vgl. Weber / Schäffer (2016a), S. 24

126 Vgl. Weber / Schäffer (2016a), S. 24 f.

127 Vgl. Weber / Schäffer (2016a), S. 25

128 Vgl. Kirschten (1998), S. 79

129 Vgl. Deimel et al. (2013), S. 32 f.

Somit haben sie sich von einem internen Zahlensammler zu einem internen Visionär von unternehmerischen Veränderungen entwickelt, um im Unternehmen das Rollenbild eines Gestalters des Wandels, weg von dem negativen Bild eines Kontrolleurs oder „*Erbsenzählers*", einzunehmen.[130] Der wachsende Kompetenzanspruch an die Rolle des Controllers spiegelt sich im Wandel seines Aufgabenbereichs im Unternehmen wieder, von einer passiven zu einer aktiven Rolle.

Der Controller war primär in der Budgetkontrolle, der Kostenrechnung, dem Berichtswesen sowie bei Abweichungsanalysen beschäftigt und ist heute zusätzlich auf der strategischen Ausrichtungsebene des Unternehmens tätig.[131]

Damit der Controller seiner wachsenden Rolle im Unternehmen gerecht werden kann, erfordert es ein hohes Maß an fachlichen, methodischen, persönlichen sowie sozialen Kompetenzen.[132] Der Entwicklungsprozess vom Analysten bis hin zum Change Agent ruft eine sukzessive Steigerung des Anforderungsprofils des Controllers in Verbindung mit der Industrie 4.0 innerhalb der vier Kompetenzbereiche hervor,[133] was durch nachfolgende Grafik verdeutlicht wird.

---

[130] Vgl. Deimel et al. (2013), S. 32
[131] Vgl. Deimel et al. (2013), S. 33
[132] Vgl. Gleich / Lauber (2013), S. 512
[133] Vgl. Gleich / Lauber (2013), S. 514

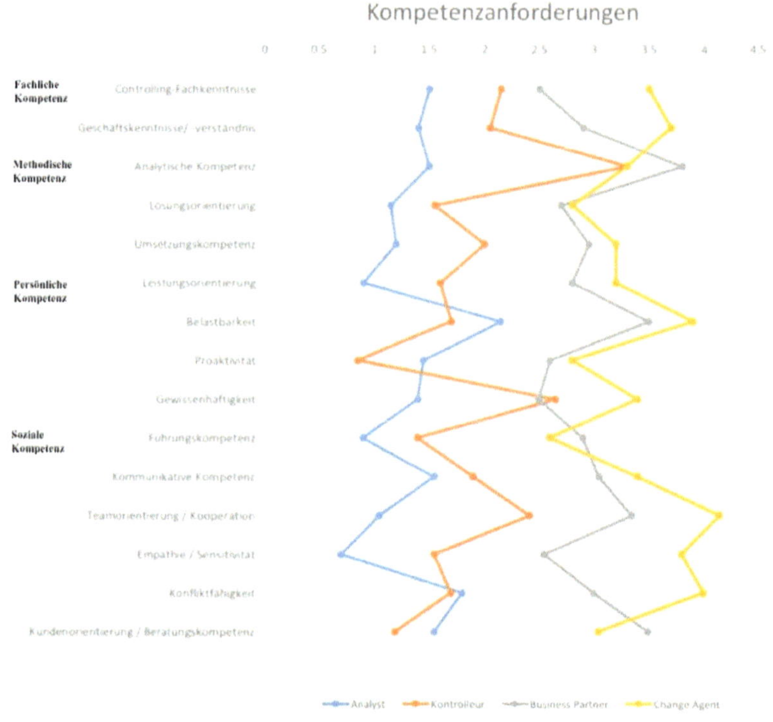

Abbildung 2: Kompetenzprofile [Skala 0=Niedrig bis 4,5=Hoch]

Quelle: Eigene Darstellung, in Anlehnung an Gleich / Lauber (2013), S. 513

2.2.3 Controllinginstrumente

Instrumente dienen der Realisierung von Aufgaben mithilfe von Modellen, Methoden oder IT-Systemen[134] und lassen sich im Bereich des Controllings in operative und strategische Instrumente kategorisieren.

Die operativen Instrumente ermöglichen das frühzeitige Erkennen von Abweichungen im Unternehmen, sodass die Führungsebene zielgerichtete Maßnahmen in den betroffenen Bereich einleiten und somit der Nichterreichung von Unter-

---

[134] Vgl. Horváth et al. (2015), S. 88

nehmenszielen entgegen wirken kann.[135] Der Einsatz operativer Controllinginstrumente dient demzufolge die kurzfristig festgelegten Ziele nicht außer Acht zu lassen und so Führungskräfte bei der Entscheidungsfindung zu unterstützen.[136]

Die strategischen Instrumente dienen der Identifikation und Optimierung von zukünftigen Chancen und Risiken des Unternehmens, indem neue Erfolgspotentiale ermittelt, aufgebaut und gesichert werden, um das Unternehmen langfristig weiterzuentwickeln.[137]

Die Controllinginstrumente, welche in der Unternehmenspraxis von signifikanter Relevanz sind, werden ab dem Gliederungspunkt 3.1.2 näher beleuchtet.

---

[135] Vgl. Vollmuth (2003), S. 15
[136] Vgl. Vollmuth (2017), S. 7
[137] Vgl. Vollmuth (2003), S. 230

3 Auswirkungen der Industrie 4.0 auf das Controlling und die Unternehmenssteuerung

3.1 Der Weg zur Umsetzung im Unternehmen

3.1.1 Veränderung der Controllingformen

Damit das Controlling von heute den neuen Herausforderungen von morgen durch Industrie 4.0 gerecht werden kann, werden neue Formen des Controllings benötigt.

Aufgrund der stetig steigenden Digitalisierung und Automatisierung der Produktions-ebene erfolgt die Analyse hauptsächlich mit der Auswertung von fundierten und echtzeitbasierten Daten, um zum einen die Führungsebene mit allen erforderlichen Informationen zu versorgen und zum anderen die verwendete Produktionsstrategie im selben Moment auf Effektivität und Korrektheit zu überprüfen.[138] Das Controlling muss bei einer von Industrie 4.0 veränderten Wertschöpfungskette flexibler gestaltet werden, um erforderliche Analysen effizienter zu erstellen.[139]

Aufgrund der steigenden Produktions- und Prozessindividualisierung wird es mittels Forecasts möglich sein, die Marktveränderungen frühzeitig zu erkennen und das Unternehmen daraufhin vorzubereiten,[140] sodass die zentralen Unternehmensziele, wie Ressourcen-, Kosteneffizienz und hohe Produktqualität um den Faktor Flexibilität erweitert werden.[141] Die Controllinginstrumente, wie beispielsweise die Kosten-rechnungs- und Budgetierungsverfahren, benötigen durch die neuen Möglichkeiten der Industrie 4.0 Überprüfungen und Anpassungen, da das Internet der Dinge Chancen für neue Instrumente eröffnet und die Verwendung von komplexeren Verfahren ermöglicht.[142]

Die Industrie 4.0 wirkt sich drastisch auf die Kompetenzanforderungen des Controllers aus. Durch die neuen Möglichkeiten von Industrie 4.0 erlangt der Controller Informationen, welche den Rahmen der traditionellen Steuergrößen über-

---

[138] Vgl. Gleich et al. (2016a), S. 35
[139] Vgl. Gleich et al. (2016a), S. 35
[140] Vgl. Gleich et al. (2016a), S. 35
[141] Vgl. Gleich et al. (2016b), S. 80
[142] Vgl. Lingnau / Brenning (2015), S. 460

schreiten und die es ihm ermöglichen Eigenverantwortung für die Erreichung der Unternehmensziele zu tragen sowie einen starken Einfluss auf die strategische Unternehmensausrichtung auszuüben, wofür wiederum die normalen / veralteten Analysten-Kenntnisse nicht mehr ausreichen werden.[143]

Demzufolge sind Personalstrategien in der Controllingebene erforderlich, welche sich auf eine systematische Weiterqualifizierung der Controller-Kompetenzen fokussiert, damit die durch Industrie 4.0 eröffneten Ziele, Erwartungen und Potenziale strategisch gesteuert und effizient im Unternehmen umgesetzt werden können.[144]

3.1.2 Essenzielle Aufgaben des Controllers vor der Umsetzung im Unternehmen

Die Industrie 4.0 hat bereits auf dem Weg zur Umsetzung im Unternehmen Auswirkungen auf das Controlling, denn bevor die Technologien der Industrie 4.0 im Unternehmen angewandt werden können, ist es die Aufgabe des Controllers die individuellen Potenziale der Industrie 4.0 im Unternehmen zu implementieren und dessen Voraussetzungen zu identifizieren.[145]

Da der Controller das Herzstück für die Bewertung und Umsetzung der Industrie 4.0 Potenziale darstellt, haben die Institute *"International Performance Research Institute"* (IPRI) und *"Institut für Technologie- und Prozessmanagement"* (ITOP) in Zusammenarbeit mit vielen weiteren Industriepartnern einen Ansatz zur Umsetzung der Industrie 4.0 in der Unternehmenspraxis sowie Handlungsempfehlungen für den Controller entwickelt,[146] welcher den Unternehmen die Identifizierung und Bewertung ihrer spezifischen Industrie 4.0 Potenziale ermöglichen soll.[147]

Dabei ist zu beachten, dass diese Potenziale nicht unternehmensübergreifend verallgemeinert werden können, da jedes Unternehmen seinen eigenen Weg zur Umsetzung und zur praktischen Verwendung von Industrie 4.0 einschlägt, sodass die Umsetzung einen individuellen Transformationsprozess mit unternehmens-

---

[143] Vgl. Gleich et al. (2016a), S. 35 f.

[144] Vgl. Gleich et al. (2014), S. 154

[145] Vgl. Rusch et al. (2016), S. 70

[146] Vgl. Rusch et al. (2016), S. 79

[147] Vgl. Rusch et al. (2016), S. 70 f.

individuellen Potenzialen repräsentiert.[148] Da somit nicht alle Potenziale, aufgrund von mangelnden finanziellen, personellen oder zeitlichen Ressourcen,[149] im Unternehmen umgesetzt werden können, muss sich jedes Unternehmen entscheiden, welche der vielfältigen Potenziale tatsächlich für deren Umsetzung geeignet sind.

Der Ansatz der Institute zur Identifizierung der Potenziale wird in vier verschiedene Phasen mit dazugehörigen Instrumenten untergliedert, dessen Vorgehen im folgenden kurz erläutert wird:

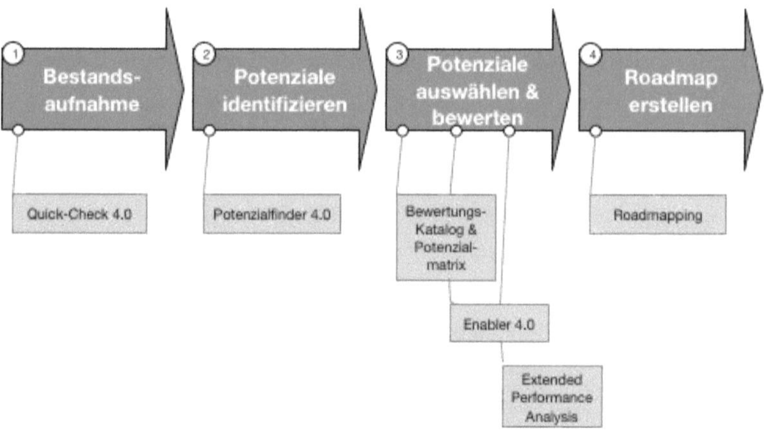

Abbildung 3: Die vier Phasen des Ansatzes mit dazugehörigen Instrumenten

Quelle: Eigene Darstellung, in Anlehnung an Rusch et al. (2016), S. 71

(1) Die Bestandsaufnahme bezieht sich auf das momentane Geschäftsmodell sowie das direkte Unternehmensumfeld und schafft das Fundament für die strategische Planung des Controllers.[150] Die Aufnahme dieser internen und externen Voraussetzungen wird durch das dazugehörige Instrument „*Quick-Ckeck 4.0*" unterstützt. Der Controller muss herausfinden wie sich die Industrie 4.0 Technologien auf die jeweiligen Geschäfts-modellkomponenten auswirken, indem er die politische, ökonomische, soziale, technologische, ökologische und rechtliche Dimension

---

des Unternehmensumfelds analysiert, um damit unternehmensspezifische Chancen und Risiken zu lokalisieren.[151]

(2) Um die passenden Potenziale für das Unternehmen zu identifizieren, ist es die Aufgabe des Controllers einschlägige Veränderungen auf das Unternehmen festzustellen, indem er, im Rahmen der strategischen Planung, die durch die Nutzung von Industrie 4.0 Technologien hervorgerufenen unternehmensbezogenen Stärken und Schwächen analysiert, beziehungsweise ableitet.[152]

Das hier verwendete Instrument dient als Suchfunktion, da die Potenziale der Industrie 4.0 aus der Steigerung von Unternehmensstärken, der Beseitigung von Unternehmens-schwächen, der Verwendung von Unternehmenschancen oder der Abschaffung von Unternehmensrisiken abgeleitet werden können.[153]

(3) Diese Phase stellt eine Schlüsselfunktion für die Auswahl der Potenziale und deren Umsetzung dar, da hier eine Priorisierung der herausgefilterten Industrie 4.0 Potenziale sowie eine Identifikation der zu erfüllenden Voraussetzungen des Unternehmens erfolgt.[154]

Die Priorisierung erfolgt durch den Controller zum einen auf deren Umsetzbarkeit im Unternehmen hin, im Sinne der Dauer für deren Implementierung, ob die Organisation und Wertschöpfungspartner die Voraussetzungen erfüllen oder ob das Unternehmen in der Lage ist die anfallenden Kosten bei deren Umsetzung zu tragen. Zum anderen erfolgt sie auf deren Ergebniswirksamkeit hin, indem eine Effizienzerhöhung sowie Kostensenkung auf der Produktionsebene abgeschätzt und ein erwarteter Umsatz, eine Erhöhung der Kundenbindung oder eine Abgrenzung zu anderen Wettbewerbern auf der Produktebene überschlagen wird.[155]

Neben diesen zwei Kriterien sollte der Wirtschaftlichkeitsfaktor der jeweiligen Potenziale nicht außer Acht gelassen werden, welcher mittels der Kapitalwertmethode berechnet wird,[156] auf der Bewertung von Kosten und Leistungen basiert und damit, laut der Institute im Rahmen ihres Ansatzes, die Kernaufgabe des Con-

---

[151] Vgl. Rusch et al. (2016), S. 72
[152] Vgl. Rusch et al. (2016), S. 72
[153] Vgl. Rusch et al. (2016), S. 72
[154] Vgl. Rusch et al. (2016), S. 73
[155] Vgl. Rusch et al. (2016), S. 73 f.
[156] Vgl. Rusch et al. (2016), S. 79

trollings darstellt.[157] Um die Kosten und Leistungen adäquat zu bewerten, müssen die erforderlichen Voraussetzungen einbezogen werden, welche sich aus dem menschlichen Bereich, wie Mitarbeiterentwicklungskonzepte, dem technologischen Bereich, wie Big Data oder Cloud-Computing und dem organisatorischen Bereich, wie die Umgestaltung von Entscheidungsprozessen, zusammensetzen.[158] Hier ist es die Aufgabe des Controllers zu überprüfen welche Voraussetzungen im Unternehmen fehlen, um diese zu erzeugen und somit in die Kosten- und Leistungsberechnung einfließen zu lassen.[159]

Da die Bewertung der Leistungen nicht nur auf materiellen Objekten und monetären Größen, wie dem Umsatz, sondern ebenfalls auf dem immateriellen Nutzen und nicht monetären Größen, wie die Kundenzufriedenheit, beruht, reicht die Nutzung von Investitionsrechenverfahren allein nicht aus.

Hier kommt das Instrument *"Extended Performance Analysis"* (EPA) für die Wirtschaftlichkeitsanalyse zum Einsatz, welche es dem Controller ermöglicht die Komplexität der Wirksamkeit und Wirkungsrichtung der Industrie 4.0 Potenziale Stück für Stück zu durchleuchten, sodass er in der Lage ist fundierte Entscheidungen für dessen Nutzen abzuleiten.[160]

Die Aufgabe des Controllers bei dieser Wirtschaftlichkeitsanalyse, mit dem Zweck die Leistungen zu bewerten, ist die Bestimmung von Outputfaktoren, entsprechend ihrer Monetarisierbarkeit, diese mit geeigneten Kennzahlen zu hinterlegen und in eine Ursache-Wirkungsbeziehung zu setzen, sodass alle Auswirkungen der Outputfaktoren auf die Potenziale einkalkuliert werden können.[161] Damit wird deutlich, dass eine Wirtschaftlichkeitsanalyse mit einem immensen Aufwand für das Controlling verbunden ist und viele Berechnungen sowie abteilungsübergreifende Interaktionen voraussetzt.[162]

Um die Kosten bewerten zu können muss der Investitionsaufwand untersucht werden, dies bedeutet das der Controller prüfen muss, ob die Voraussetzungen für die Umsetzung der Potenziale im Unternehmen tatsächlich erfüllt sind, oder

---

[157] Vgl. Rusch et al. (2016), S. 75
[158] Vgl. Rusch et al. (2016), S. 75
[159] Vgl. Rusch et al. (2016), S. 75
[160] Vgl. Rusch et al. (2016), S. 75
[161] Vgl. Rusch et al. (2016), S. 76
[162] Vgl. Rusch et al. (2016), S. 76 f.

ob diese noch einer Anpassung bedürfen.[163] Unter dieser Anpassung ist beispielsweise zu verstehen, dass die Industrie 4.0, aufgrund der neuen Technologien, hohe Anforderungen an die IT-Kompetenzen des Personals stellt, woran die vorhandenen Weiterbildungskonzepte des Unternehmens angepasst werden müssen.[164]

(4) Die letzte Phase stellt in dem Ansatz das entwickeln einer Industrie 4.0 Roadmap dar, um das Fundament für das Projektmanagement sowie für die Budgetierung des Controllers, indem die jeweiligen Schritte zur Umsetzung im Unternehmen exakt geplant werden, zu erschaffen, wodurch das Industrie 4.0 Potenzial nutzbar gemacht werden soll.[165]

Diese Roadmap steht für einen jahresübergreifenden Zukunftsplan des Unternehmens, indem die aus der dritten Phase identifizierten Voraussetzungen auf die jeweiligen Bereiche (Mensch, Technik, Organisation) und Jahre verteilt werden können und so den individuellen Weg des Unternehmens zur Umsetzung von Industrie 4.0 bilden.[166] Dieses Vorgehen wird beispielhaft in nachfolgender Abbildung veranschaulicht.

---

[163] Vgl. Rusch et al. (2016), S. 78
[164] Vgl. Rusch et al. (2016), S. 79
[165] Vgl. Rusch et al. (2016), S. 79
[166] Vgl. Rusch et al. (2016), S. 79

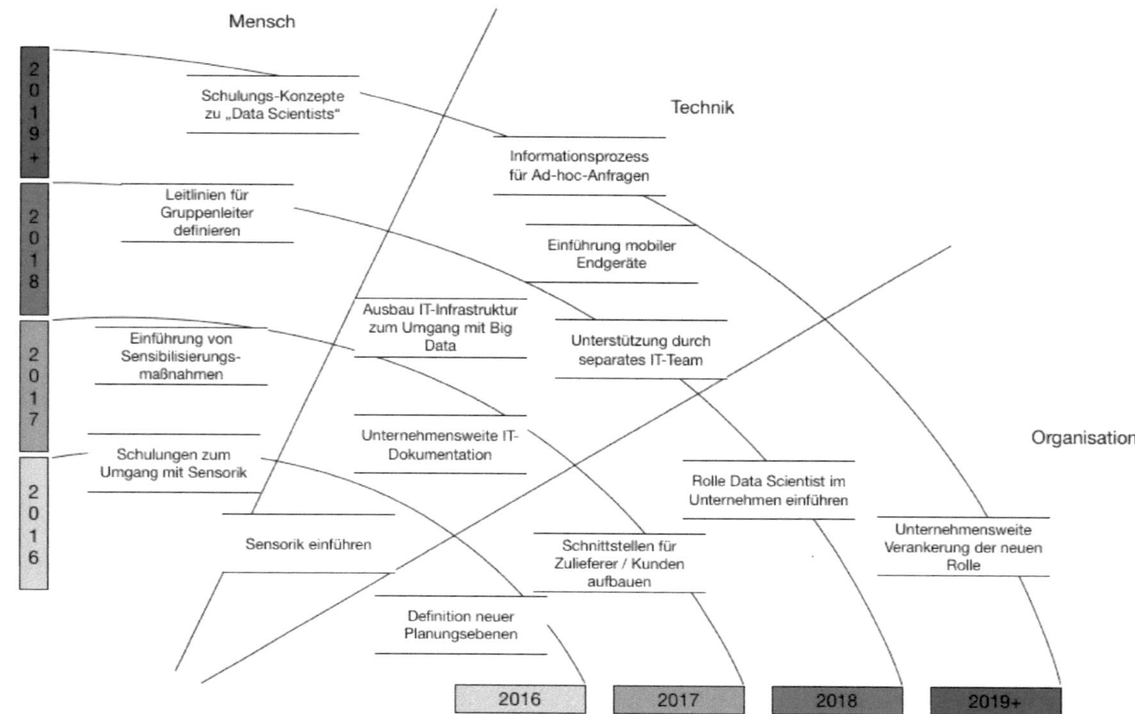

Abbildung 4: Beispiel einer Industrie 4.0-Roadmap

Quelle: Eigene Darstellung, in Anlehnung an Rusch et al. (2016), S. 78

Diese vier aufeinander aufbauenden Phasen stellen somit Handlungsfelder der Controller im Bereich der strategischen Planung für die Umsetzung von Industrie 4.0 im Unternehmen dar, um mit den gewonnenen Kenntnissen in der Lage zu sein erste Erfahrungen mit Pilot-Anwendungen (z.B. Forecast), bei denen exemplarische Lösungen ermittelt und Potenziale aufgezeigt werden können, zu gewinnen.[167]

3.2 Die Umsetzung und deren Folgen

Während der vorangegangene Gliederungspunkt aufgezeigt hat, welche Aufgaben vor der Einführung von Industrie 4.0 im Unternehmen auf das Controlling zukommen, konzentriert sich dieser Punkt auf die konkreten Auswirkungen von Industrie 4.0 auf das Controlling und die Unternehmenssteuerung, bei sowie nach dessen Umsetzung im Unternehmen.

3.2.1 Veränderung der Controlling-Hauptprozesse durch Industrie 4.0

3.2.1.1 Strategische Planung

Aufgrund der intensiven Behandlung des Controlling-Hauptprozesses der strategischen Planung sowie dessen grundsätzlicher Funktion vor der Umsetzung von Industrie 4.0 im Unternehmen im Punkt 3.1.2, erhält dieser nachfolgend keine erneute Darstellung oder Erläuterung.

3.2.1.2 Budgetierung und operative Planung

Im Hauptprozess der Budgetierung und operativen Planung leitet das Controlling auf Basis der strategischen Planung die Ziele des Unternehmens mit einem kurz- bis mittelfristigen Zeithorizont ab, welche als Orientierungshilfe für zukünftige Entscheidungen genutzt werden können und die Erreichung der Ziele fördern sollen.[168] Das Herzstück und zugleich Instrument der operativen Planung, stellt die Budgetierung dar, dessen Prozess einer Erstellung, Kontrolle und Transformation des Budgets in quantitative Vorgabegrößen entspricht.[169] Mit anderen Worten: auf welche Weise sich das Budget in dem, von der strategischen Planung, vorgesehenen Rahmen zu bewegen hat.

---

[167] Vgl. Kieninger et al. (2015), S. 11

[168] Vgl. Seiter et al. (2015), S. 468

[169] Vgl. Weber / Schäffer (2016a), S. 302

Neben der herkömmlichen Budgetierung existieren neuere Formen wie Better und Beyond Budgeting. Better Budgeting beinhaltet verschiedene Lösungskonzepte, welche das Ziel verfolgen, die Flexibilität der Budgetierung zu erhöhen und dessen Aufwändigkeit zu verringern. Mithilfe von Marktorientierungen und einer weniger detaillierteren Planung.[170]

Beyond Budgeting wendet sich grundsätzlich von der bisherigen Budgetierung ab und verfolgt das Ziel, flexible Planungs- und Kontrollkonzepte ohne Verwendung der Budgetierung durchzuführen und so das Erstellen jeglicher Budgets vollständig ablehnen.[171] Diese Formen konnten sich bislang, gegenüber der herkömmlichen Budgetierung, in der Praxis jedoch nicht durchsetzen.[172]

Aufgrund des erhöhten Anspruchs der Industrie 4.0 auf die Flexibilität der Organisation des Unternehmens sowie der schnellen Anpassung des Budgets, steht die operative Planung mehreren Problemen gegenüber: die Budgetierung wird in der Regel einige Monate vor Beginn des Geschäftsjahres durchgeführt,[173] wodurch die operativen Pläne weniger der aktuellen Situation entsprechen und die Einsetzung von *„starren Budgets"* erfolgt, sodass spontane Veränderungen des Produktionsumfelds nicht einbezogen oder berücksichtigt werden können.[174]

Je detaillierter und verbindlicher die Budgetierung ausfällt, desto stärker stellt sie ein Hindernis zur Steuerung der notwendigen Ressourceninanspruchnahme für den Controller dar, da die resultierende Kontrollmöglichkeit im Gegensatz zur Reaktionsfähigkeit des Controllers steht, um die Unternehmensziele zu erreichen.[175] Somit sind Controller auf mehr eigenverantwortliches Handeln angewiesen, um flexibler auf Chancen und Risiken durch kurzfristige Umfeldveränderungen zu reagieren.[176]

Neben den Anforderungen an die Flexibilität der Budgetierung, verlangt die Industrie 4.0 vom Controlling außerdem eine Verbesserung der Transparenz von

---

[170] Vgl. Weber / Schäffer (2016a), S. 313

[171] Vgl. Weber / Schäffer (2016a), S. 313

[172] Vgl. Weber / Schäffer (2016a), S. 315

[173] Vgl. Müller / Wildau (2009), S. 75

[174] Vgl. Seiter et al. (2015), S. 469

[175] Vgl. Hofmann et al. (2006), S. 19

[176] Vgl. Hofmann et al. (2006), S. 19

Produktions-kosten, eine dezentrale Kostenerhebung, eine modulare Kostenzurechnung sowie eine lern- und widerstandsfähige Produktion.[177]

Entgegen der hier ersichtlich gemachten Problematik der operativen Planung und vor allem der Budgetierung, bleibt eine bisherige zielorientierte Koordination in der Unternehmenssteuerung selbst im Zeitalter von Industrie 4.0 unabdingbar,[178] sodass lediglich die Planung der jeweiligen Prozesse, weg von veralteten starren Strukturen, an heutige Gegebenheiten angepasst werden sollte, um den Anforderungen von Industrie 4.0 gerecht zu werden.

3.2.1.3 Forecasting

Im Gegensatz zu der vergangenheitsbasierten Budgetierung aus dem vorhergehendem Hauptprozess, ist nun eine Abweichungsanalyse erforderlich, um einen Blick in die Zukunft zu erhalten.[179]

In diesem Hauptprozess ist der Controller für eine Einschätzung der Erreichung von zukünftigen Unternehmenszielen verantwortlich, indem mithilfe finanzieller sowie nichtfinanzieller Informationen anfallende Abweichungen festgestellt, zielorientierte Maßnahmen entwickelt oder schnelle Anpassungen der Umsatz- und Kostenbudgets vorgenommen werden können.[180] (=Prognosefunktion)

Ein Forecast wird mittels Big Data sowie quantitativer Predictive-Analytics-Modelle, welche auf Vergangenheits- und Gegenwartsdaten basieren und einer mathematischen oder statistischen Logik unterliegen, erstellt und kommen hauptsächlich in der Unternehmensplanung zum Einsatz.[181]

Aufgrund der damit möglichen frühzeitigen Beurteilung auf die Wirtschaftlichkeit eines Produktes, stellt der Forcast das Kernelement zur Berichterstattung des Controllings dar, da so sichere Gestaltungsperspektiven, in Bezug auf den Unternehmenserfolg, gewährleistet werden können[182] und durch die prognostizierten

---

[177] Vgl. Gleich et al. (2016b), S. 81
[178] Vgl. Horváth et al. (2015), S. 131
[179] Vgl. Jung (2014), S. 389
[180] Vgl. Seiter et al. (2015), S. 469
[181] Vgl. Stichter (2013), S. 573
[182] Vgl. Seiter et al. (2015), S. 469

Daten für die Folgemonate, auf Basis der bereits erfassten Ist-Daten, die Informationsgrundlage zur Unternehmenssteuerung für das Management liefert. [183]

Durch den Einfluss von Industrie 4.0 wird der Controller in der Lage sein, kontinuierlich Forcasts, mit traditionellen Markt- sowie Absatzpotenzialen zur Vorhersage von Engpässen oder überfüllten Produktionsmengen sowie deren Anpassungen, in Echtzeit an die Managementebene weiterzuleiten, sodass fortlaufend alle aktuellen Forcastwerte analysiert werden können.[184] Die Kehrseite dieser kontinuierlichen Berichterstattung stellen Fehlentscheidungen aufgrund Über- oder Fehlinterpretationen von kurzzeitigen Schwankungen des Forcasts seitens der Managementebene dar, welche beispielsweise zu Überlastungen des Lagerbestands durch übereilte Materialbestellungen führen können.[185] Somit ist eine kollaborative Zusammenarbeit zwischen Management, Marketing, Vertrieb und Controlling mit den Planungsbezogenen Forcasts erforderlich.

Durch Industrie 4.0 wird dem Controlling eine regulierende Funktion zugeschrieben: da die Berichterstattung mittels Big Data und den echtzeitbasierten Daten in einer viel schnelleren Frequenz (täglich statt monatlich) erfolgen kann, ist es dem Controlling nur durch die Festlegung von geeigneten Zeitpunkten zur Berichtsübermittlung an das Management möglich, den beschriebenen Fehlentscheidungen und Dysfunktionen entgegenzuwirken.[186]

Bei der Unternehmensplanung in Bezug auf deren Flexibilität, sollte der Controller Sensitivitäten und Szenarien berücksichtigen und sich nicht nur auf die *„eine"* Zukunft, welche sicher eintreten wird, fixieren, sondern verschiedene Alternativen bei der Planung - wie sich Werte in Zukunft verhalten werden - in Betracht ziehen, um darauf aufbauende Maßnahmen zu ergreifen.[187] Dabei bietet die Szenario- und Contingency-Planung ein Lösungskonzept zur Steigerung der Reaktionsfähigkeit des Controllers, indem auf vorab festgelegte Maßnahmen beim Eintreten von bestimmten Entwicklungen zurückgegriffen werden kann.[188] Darauf aufbauend sollte ein alternativer Plan entwickelt werden, sodass bei bestimmten

---

183 Vgl. Jung (2014), S. 389

184 Vgl. Seiter et al. (2015), S. 469

185 Vgl. Seiter et al. (2015), S. 469

186 Vgl. Seiter et al. (2015), S. 469

187 Vgl. Gleich et al. (2015), S. 42

188 Vgl. Gleich et al. (2015), S. 42

Umweltentwicklungen auf den richtigen Plan zurückgegriffen werden kann, um Fehlvorhersagen zu vermeiden.[189] Beim Forecasting erzeugt die Industrie 4.0, durch die Menge an neuen verfügbaren Daten in Bezug auf Vergangenheit, Gegenwart sowie Zukunft eine gewisse Transparenz, sodass die Unternehmen in der Lage sind schneller und flexibler auf Veränderungen zu reagieren, um sich im internationalen Wettbewerb einen strategischen Vorteil zu verschaffen.[190] Zusätzlich ermöglicht der Einsatz von Business Analytics digitale Forecasts, woraus ein vollständig automatisierter und hoch effizienter Forecast für unterschiedliche Prognosehorizonte aller Führungsebenen resultiert.[191] Dieser Punkt wird in den Veränderungen der Unternehmenssteuerung durch Industrie 4.0 nochmals aufgegriffen.

3.2.1.4 Kosten-, Leistungs- und Ergebnisrechnung in Bezug auf die Wirtschaftlichkeit

Die Wirtschaftlichkeit dieses Hauptprozesses sowie die Kosten- und Leistungsrechnung an sich, wurde in Punkt 3.1.2 schon erstmals näher erläutert, doch was bedeutet dies für das Controlling und welche Veränderungen birgt die Industrie 4.0.

Dieser Hauptprozess, kurz: Kosten- und Leistungsrechnung, stellt den traditionellen Kern des operativen Controllings dar, welcher sich auf vergangene, aktuelle und zukünftige Vorgänge innerhalb des Unternehmens sowie auf externe Beziehungen zu dessen Umwelt bezieht[192] und dem maßgebenden Instrument zur Steuerung der Wirtschaftlichkeit eines Betriebsablaufes entspricht.[193]

Die Kosten- und Leistungsrechnung kann nach den Informationswünschen der Unternehmensführung ausgerichtet werden, sodass der Erfolg in einem bestimmten Zeitraum, oder der eines Produktes ermittelt werden kann.[194] Das primäre Ziel dieses Hauptprozesses ist das dauerhafte Streben nach Gewinnmaximierung oder Verlustminimierung, welche auf Basis des betriebsbedingten Stück- sowie Zeitraumerfolgs der produzierten und veräußerten Güter mit dessen Ist- oder

---

[189] Vgl. Gleich et al. (2015), S. 43

[190] Vgl. Gleich et al. (2016a), S. 36 und Jolbauer /Straßer (2016), S. 113

[191] Vgl. Mehanna et al. (2016), S. 505

[192] Vgl. Jórasz (2009), S. 11

[193] Vgl. Kavandi (1998), S. 17

[194] Vgl. Schroeter (2002), S. 91

Plandaten ermittelt werden,[195] sodass das Unternehmen existenziell erhalten bleiben und erfolgsorientiert weiterentwickelt werden kann.[196]

Das Controlling dient der Unternehmensführung durch den Einsatz der Kosten- und Leistungsrechnung als Entscheidungsorientierung, da mittels den daraus resultierenden Daten Maßnahmen zur Erfolgssicherung ergriffen, flexibler auf Veränderungen reagiert, Abweichungen erkannt und Eingriffsnotwendigkeiten festgestellt werden können,[197] wodurch sich die Kosten- und Leistungsrechnung von einem Gewinnermittlungs- zu einem Gewinnsteuerungsinstrument entwickelt.[198]

Der Controller muss nach dem Prinzip der Wirtschaftlichkeit (=der angestrebte Nutzen muss in einem angemessenen Maße zu dessen Aufwand stehen) eine Auswahl treffen,[199] indem die entstandenen Kosten und Leistungen im Unternehmensrahmen mittels Methoden zur Erfassung, Auswertung sowie Zurechnung dargestellt werden, um so entsprechende Kontroll- und Vorschauinformationen zur Steuerung der Wirtschaft-lichkeit verwenden zu können.[200]

Das Zeitalter von Industrie 4.0 ermöglicht den Einsatz von neuen IT-Technologien, wie neue Tabellenkalkulationsprogramme oder ERP-Systeme (Enterprise Resource Planning), zur Zielerreichung sowie Effizienzsteigerung des Unternehmens, woran die Kosten- und Leistungsrechnung angepasst werden muss. Diese ERP-Systeme sind integrierte betriebswirtschaftliche Standardsoftware, welche dazu dienen die betriebswirtschaftlichen Aufgaben aller Unternehmensbereiche, wie Produktion oder Finanzwesen, IT-gestützt zu bearbeiten.[201] Die Kosten- und Leistungsrechnung kann zum einen permanent die neu im Unternehmen implementierten Technologien auf deren Effizienz sowie Effektivität überwachen und zum anderen kontinuierlich die flexiblen Produktionssysteme auf deren Wirtschaftlichkeit überprüfen.[202]

---

[195] Vgl. Schroeter (2002), S. 91
[196] Vgl. Jórasz (2009), S. 11
[197] Vgl. Schroeter (2002), S. 92
[198] Vgl. Jórasz (2009), S. 12
[199] Vgl. Jórasz (2009), S. 12
[200] Vgl. Kavandi (1998), S. 17
[201] Vgl. Hesseler / Görtz (2007), S. 2
[202] Vgl. Gleich et al. (2016b), S. 81

Aufgrund der steigenden Flexibilität muss die Standartkostenkalkulation hinsichtlich kurzfristig variierender Veränderungen für Stücklisten, Arbeitspläne oder Produktions-prozesse angepasst werden,[203] da sich das Werkstück sonst seinen eigenen Weg durch die Fertigung sucht, *„Bauteil steuert Fabrik"* und vorher festgelegte Arbeitsschritte sowie der gesamte Arbeitsplan entfällt, wodurch das Konstrukt für die traditionelle Vorkalkulation der Fertigungskosten in sich zusammenfällt.[204] Zudem müssen Steuerungsmodelle, welche zur Ermittlung von Abweichungen fungieren, weiterentwickelt werden.[205]

Es sind neue Kennzahlen, wie bspw. die Priorität des Fertigungsauftrages, in der Sollkostenermittlung notwendig und die aus der Smart Factory übertragenen Daten müssen, hinsichtlich der Verwendung in den ERP-Systemen, interpretierbar gemacht werden.[206]

3.2.1.5 Management Reporting

Die Kernaufgabe des Management Reporting (=internes Berichtswesen) in der Unternehmenspraxis ist die Aufbereitung, Darstellung sowie Übermittlung von Informationen zwischen der Informationsentstehung und der Informationsverwendung,[207] mit dem Ziel die Entscheidungsträger in der Managementebene mit steuerungsrelevanten Informationen über Ereignisse und Vorgänge aus dem Unternehmen sowie seiner Umwelt,[208] zur Erreichung der Unternehmensziele, zu versorgen.[209]

Das Controlling versucht daher mit diesem Instrument die Unternehmensziele nach bestem Gewissen zu unterstützen und zur selben Zeit alle vorhandenen Ressourcen optimal einzusetzen.[210]

Dieser Hauptprozess dient zum einen dazu spezifische vergangenheitsbasierte Sachverhalte, wie Probleme oder Ereignisse, abzuspeichern, damit sie zu einem späteren Zeitpunkt abrufbar sind und zukünftige Entscheidungen bewusster, er-

---

[203] Vgl. Gleich et al. (2016b), S. 81

[204] Vgl. Haußmann et al. (2016), S. 248

[205] Vgl. Gleich et al. (2016b), S. 81

[206] Vgl. Gleich et al. (2016b), S. 81

[207] Vgl. Weide (2009), S. 5 und Taschner (2013), S. 40

[208] Vgl. Taschner (2013), S. 37

[209] Vgl. Seiter et al. (2015), S. 470

[210] Vgl. Taschner (2013), S. 33

gebnisorientierter sowie risikoloser getroffen werden können.[211] Zum anderen bildet er das Fundament für Planungs- und Entscheidungshandlungen hinsichtlich der Steuerung des Unternehmens, indem, auf Basis der verfügbaren Informationen, Entscheidungen getroffen, Ziele definiert sowie ergebnissteigernde Maßnahmen ergriffen werden können.[212]

Der Controller legt in der Rolle des internen Beraters Berichtsinhalte, wie festgestellte Abweichungen oder Veränderungen der Ist-, Plan-, Soll- oder Forecastwerte, fest, um der Führungsebene daraus resultierende und fundierte Handlungsvorschläge zu übermitteln.[213]

Der ermöglichte Zugriff auf immense Datenmengen durch die Industrie 4.0 Technologien stellt den Controller vor die Herausforderung die wirklich relevanten Daten für den jeweiligen Bericht abzuleiten, wodurch er Data Mining-Methoden anwenden muss, um spezifische Gruppen von Objekten oder häufige Zusammenhänge zu identifizieren und so Erkenntnisse aus bislang nicht auswertbaren Daten zu gewinnen.[214]

Somit kann das Controlling neue Wirkzusammenhänge, durch die Einbeziehung und Analyse aller Daten im Produktionssektor, erschließen, Prognosen, basierend auf den Sensordaten zur Behebung von Mängeln, erzeugen sowie entsprechende Maßnahmen in den Berichten festhalten.[215]

Aufgrund der echtzeitbasierten Datenübertragung der ERP-Systeme ist der Controller in der Lage *„Real time"*-Berichterstattungs- sowie Reportingsysteme zu verwenden und damit zielgenauere, detailliertere Analysen zu erstellen und ein schnelleres Reporting durch den zunehmenden Einsatz mobiler Endgeräte, wie Tablets zur Datenübermittlung, zu ermöglichen.[216]

3.2.1.6 Risikomanagement

Ziel dieses Hauptprozess ist die nachhaltige Sicherung des Unternehmenserfolgs und -wertes, indem zukünftige Risiken frühestmöglich identifiziert, analysiert,

---

[211] Vgl. Taschner (2013), S. 57

[212] Vgl. Taschner (2013), S. 57

[213] Vgl. Gräf / Isensee (2013), S. 84

[214] Vgl. Seiter et al. (2015), S. 470

[215] Vgl. Seiter et al. (2015), S. 471

[216] Vgl. Gleich et al. (2016b), S. 81

gesteuert sowie kontinuierlich beobachtet werden und zielgerichtete Maßnahmen zu dessen Eliminierung oder Reduzierung abgeleitet werden.[217] Neben den im Punkt 2.1.4 dargestellten Risiken, welche die Industrie 4.0 Technologien bei deren Umsetzung im Unternehmen mit sich bringen, werden alle Risiken, welche sowohl unternehmens-intern als auch die Unternehmensgrenzen überschreitend auftreten können, im Rahmen des Risikomanagements berücksichtigt, was später folgende Abbildung verdeutlicht.[218] Das Unternehmen steht oder fällt mit seinem Risikomanagement, da der Unternehmenserfolg in absoluter Abhängigkeit zu einer erfolgreichen oder scheiternden Vorbereitung auf diese Risiken steht.[219] Daher stellt das Risikomanagement eine permanente Notwendigkeit im Unternehmen dar, in das geeignete Systeme, Strukturen und Maßnahmen implementiert sind.[220]

Das Risikomanagement zielt jedoch nicht allein auf eine vollständige Eliminierung von Risiken, oder auf die Erzeugung einer absoluten Sicherheit des Unternehmens ab, da diese Handlungsweise keinerlei Chancen, die unteranderem durch Industrie 4.0 erzeugt werden, zulassen und so zur Inaktivität oder zum Stillstand des Unternehmens führen würde.[221] Es geht vielmehr darum das Eingehen von Risiken bewusst zu kontrollieren, indem unternehmensbezogene Chancen und Risiken identifiziert, sich der Konsequenzen bei der Implementierung der Risiken im Unternehmen bewusst gemacht wird und die erfolgsgefährdenden Risiken limitiert werden, um die Unternehmens-existenz sowie die mit den Risiken in Verbindung stehenden Chancen zu sichern.[222]

Das Industrie 4.0 Zeitalter stellt das Risikomanagement mit der zunehmenden Digitalisierung vor komplexere Anforderungen an die IT-Systeme, welche vom Controller klar zu definieren sind und eine stärkere Kooperation mit IT- und Security-Managern erfordert.[223]

---

[217] Vgl. Diederichs (2012), S. 8
[218] Vgl. Seiter et al. (2015), S. 471
[219] Vgl. Diederichs (2012), S. 7
[220] Vgl. Diederichs (2012), S. 8
[221] Vgl. Diederichs (2012), S. 11
[222] Vgl. Diederichs (2012), S. 11
[223] Vgl. Gleich et al. (2016b), S. 81

Die nachfolgende Grafik veranschaulicht die zunehmende Komplexität der Risiken, im Rahmen des Supply-Chain-Risikomanagements, welche die Umsetzung von Industrie 4.0 im Unternehmen mit sich bringt:

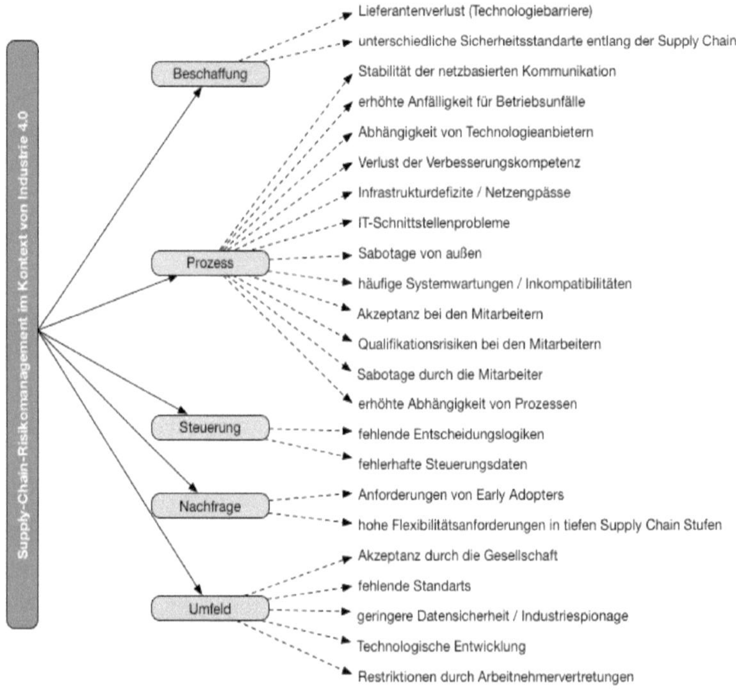

Abbildung 5: Risikoaspekte vor dem Hintergrund von Industrie 4.0

Quelle: Eigene Darstellung, in Anlehnung an Seiter et al. (2015), S. 472

3.2.1.7 Investitions- und Projektcontrolling

Dieser Hauptprozess kommt Hauptsächlich vor der Umsetzung von Industrie 4.0 im Unternehmen zur Anwendung, wie bereits im Punkt 3.1.2 beschrieben wurde. Jedoch hat die Industrie 4.0 auch nach ihrer Umsetzung im Unternehmen Auswirkungen auf das Investitions- und Projektcontrolling, welche nachfolgend erläutert werden.

Die Funktion dieses Hauptprozesses ist die Überprüfung der Investitionen und Projekte hinsichtlich ihrer Wirtschaftlichkeit sowie ihres Nutzens für das Unternehmen, indem das Controlling mittels Planung und Methoden eine Transparenz erzeugt, um so die Rationalität in der Unternehmensführung sicherzustellen und eine Entscheidungs-grundlage für das Projektmanagement anhand entsprechender Informationen, wie die Erfüllung der Qualitäts-, Zeit,- sowie Kostenziele von Investitionen und Projekten,[224] zu bilden.[225]

Aufgrund des steigenden Anspruchs auf Flexibilität und der relativ unsicheren Zukunftserwartungen der Industrie 4.0 Technologien, steht das Investitionscontrolling vor der Gefahr falsche Entscheidungen zu treffen, da die Berwertungsverfahren auf Sicherheit sowie Kosten abzielen, nicht aber den aus der Handlungsflexibilität resultierenden Nutzen erfassen, sodass sich zunächst vielversprechende Investitionen als falsch bewertet und unternehmensschadent herausstellen können.[226]

Erschwerend dazu steht der Controller, aufgrund der bereits angesprochenen Vielzahl an unterschiedlichen Wegen die Industrie 4.0 im Unternehmen umzusetzen, vor der großen Herausforderung die tatsächlich entscheidungsrelevanten Informationen abzuleiten, da bei diesem immensen Ausmaß der Industrie 4.0 Umsetzung die Investitions-notwendigkeiten stark variieren können.[227] Damit der Controller der breiten Masse an neu verfügbaren Daten trotzen und alle relevanten Daten in die Entscheidungsfindung einfließen lassen kann, ist ein Echtzeit-Monitoring von Fertigungsabläufen erforderlich, sodass jeder Schritt in der Fertigung digital nachvollziehbar ist, permanent aktuelle Daten wiedergibt und so die sofortige Initiierung von Maßnahmen ermöglicht, um unternehmensschadenden Auswirkungen Ad-hoc entgegenzuwirken.[228]

Dieses Vorgehen ermöglicht außerdem Ex-ante Simulationen in Echtzeit, wodurch zahlreiche Alternativen erstellt werden und so optimale Handlungsoptionen vom Controller zur adäquaten Sicherung des Unternehmenserfolgs abgeleitet werden können und zusätzlich zu einer Verringerung des Zeitverlustes innerhalb der Datenerhebung, Datenbereitstellung sowie der operativen Steuerung führt.[229] Um diese Transparenz zu untermauern empfiehlt sich die Entwicklung der bereits

---

[224] Vgl. Seiter et al. (2015), S. 471

[225] Vgl. Weißmann (2005), S. 124

[226] Vgl. Lingnau / Brenning (2015), S. 459

[227] Vgl. Seiter et al. (2015), S. 471

[228] Vgl. Hoffjan et al. (2017), S. 33 f.

[229] Vgl. Gleich et al. (2016b), S. 81

dargestellten und erläuterten Industrie 4.0 Roadmap im Punkt 3.1.2 vor der Umsetzung der Industrie 4.0 Technologien im Unternehmen.

Die hier dargestellten Auswirkungen der Industrie 4.0 auf die Controlling-Hauptprozesse machen deutlich, dass dem Unternehmen etliche Chancen, durch eine steigende Prozessautomatisierung, eröffnet werden und sich Effektivitäts- sowie Effizienzgewinne für das Unternehmen prognostizieren lassen.[230] Diese Entwicklung spiegelt vielmehr ein evolutionäres Fortschreiten von Industrie 4.0 im Unternehmen wieder, worüber hinaus mit dem heutigen Wissenstand noch keine endgültige Aussage getroffen werden kann, welcher konkrete und individuelle Evolutionspfad für die Umsetzung von Industrie 4.0 im Unternehmen letztendlich der vielversprechendste sein wird.[231]

3.2.2 Veränderung der Unternehmenssteuerung durch Industrie 4.0

Da in den vorhergehenden Gliederungspunkten die Veränderungen des Controllings im Unternehmen durch die Umsetzung von Industrie 4.0 intensiv behandelt wurde, soll nachfolgend untersucht werden, wie die Unternehmenssteuerung durch diesen Wandel beeinflusst wird.

Um es nochmal in das Gedächtnis zu rufen ist die Unternehmenssteuerung eine Aufgabe der Geschäftsführung und wird mit den erforderlichen Zahlen für die erfolgreiche Steuerung des Unternehmens von der Controlling-Abteilung unterstützt.[232] Der Fokus der Unternehmenssteuerung liegt dabei auf der Messung von Kennzahlen mittels qualitativer und quantitativer Instrumente, um daraus Maßnahmen für die Erreichung von kurz- oder langfristigen Zielen abzuleiten.[233]

Big Data richtet die Unternehmenssteuerung zunehmend zukunftsorientiert sowie proaktiv aus, da dies Werkzeuge und Methoden zur Verfügung stellt, welche das vorhandene Reporting (=Was ist passiert?) sowie die Analyse (=Warum ist es passiert?) dynamisch ergänzen und Funktionen wie Monitoring (=Was passiert in diesem Moment?), Predictive (=Was wird in Zukunft eintreten?) und Prescriptive (=Was sollte geschehen?) hinzufügt, wodurch die Erstellung von kurzfristigen,

---

[230] Vgl. Sauter et al. (2016), S. 154

[231] Vgl. Sauter et al. (2016), S. 155

[232] Vgl. Steuernagel (2017), S. 5

[233] Vgl. Steuernagel (2017), S. 4 f.

exakteren Forecasts und langfristigen Szenarien sowie Simulationen unterstützt wird.[234]

Durch das qualitative Fortschreiten automatisierter Forecasts, welche eine stetig zunehmende Korrektheit der prognostizierten Daten aufweisen, einen sicheren Ausgangspunkt für Analysen darstellen und so Maßnahmen, zur Erreichung der prognostizierten Daten, bereits im Vorfeld entwickelt werden können, finden vergangenheitsbasierte und traditionell erstellte Vorhersagen kaum noch Beachtung im Unternehmen.[235]

Trotz des Paradigmenwechsels der Unternehmenssteuerung durch Big Data, von rückwirkend analysierend zu voraus wirkend prognostizierend und der zunehmenden Automatisierung und Digitalisierung, wird der Faktor Mensch im Unternehmen nicht ersetzt, da er weiterhin für das Eingreifen bei Fehlentwicklungen oder irregulären Abweichungen der Unternehmensprozesse sowie für deren kontinuierliche Optimierung unabdingbar ist.[236]

Durch den ermöglichten Einsatz von automatisierten Analysen, mittels Industrie 4.0 Technologien, ist die Unternehmenssteuerung in der Lage flexibler auf Veränderungen zu reagieren, Maßnahmen zur Verbesserung von Produktionsprozessen Ad-hoc umzusetzen sowie mithilfe der echtzeitbasierten Daten die Plan-, Ist-, oder Forecastwerte permanent nach Verbesserungspotentialen zu durchsuchen.[237]

Einen Kernpunkt der Unternehmenssteuerung stellt die Fähigkeit verschiedene Szenarien und Simulationen einer möglichen Unternehmensentwicklung zu erstellen und alternative Ausgangssituationen durchzuspielen dar, welche auf der Entwicklung von qualitativen Ursache-Wirkungs-Ketten hin zu quantitativen Zusammenhängen und der kontinuierlichen Überprüfung auf dessen Gültigkeit basieren.[238] Dies ermöglicht der Unternehmenssteuerung die unterschiedlichen strategischen Optionen zu quantifizieren sowie Verbesserungsansätze zu identifizieren, wodurch eine höhere Transparenz über unternehmens-interne Zusammenhänge gewährleistet wird.[239]

---

[234] Vgl. Mehanna (2015), S. 18

[235] Vgl. Kieninger et al. (2015), S. 5

[236] Vgl. Kieninger et al. (2015), S. 6

[237] Vgl. Kieninger et al. (2015), S. 6

[238] Vgl. Kieninger et al. (2015), S. 6

[239] Vgl. Kieninger et al. (2015), S. 6

Durch die Digitalisierung und der zunehmenden Vernetzung von Wertschöpfungs-prozessen, wird ein Informationsaustausch über die Unternehmensgrenzen hinweg ermöglicht, wodurch die Unternehmenssteuerung auf vorher unzugängliche Informationen zugreifen, Lieferketten besser in den Produktionsprozess integrieren, Potenziale zur Steigerung der Unternehmenseffizienz erschließen sowie qualitativ hochwertige und schnelle Entscheidungsempfehlungen entwickeln kann.[240] Dies bildet das Fundament für eine unternehmensübergreifende Steuerung.

Die Unternehmenssteuerung muss Weiterentwicklungsmaßnahmen in verschiedenen Unternehmensprozessen initiieren, da die Verwendung der Potenziale durch Big Data und der damit einhergehenden neuen Analyseinstrumente robuste Beurteilungs- und statistische Analysekompetenzen der Controller sowie Mensch-Maschinen-Interaktionen voraussetzen.[241]

Im Zeitalter von Industrie 4.0 wird die Unternehmenssteuerung unweigerlich vor die Herausforderung gestellt, sich permanent weiterzuentwickeln und Prozesse zu optimieren. Damit erhält die Beobachtung und Auswertung des Unternehmensumfelds eine enorme Relevanz, sodass interne und externe Daten, wie beispielsweise Kunden- und Marktdaten, frühzeitig identifiziert werden, um fundierte Entscheidungen über strategische Investitionen oder Desinvestitionen treffen zu können und den Unternehmenserfolg vorsorglich zu stabilisieren.[242]

Diese Entwicklung der Unternehmenssteuerung ruft beim Unternehmen eine gewisse Unsicherheit hervor, sodass bisherige Steuerungsprozesse angezweifelt werden und der Fokus auf neue Kombinationen zur Effizienzsteigerung durch die Integration neuer technischer Möglichkeiten gerichtet wird, mit dem Ziel die Potenziale der Digitalisierung schneller als der Wettbewerb zu nutzen, einen Vorteil gegenüber der Konkurrenz zu sichern und einen nachhaltigen Unternehmenserfolg zu garantieren.[243]

---

[240] Vgl. Kieninger et al. (2015), S. 6 f.
[241] Vgl. Kieninger et al. (2016), S. 246
[242] Vgl. Mehanna et al. (2016), S. 506
[243] Vgl. Weber / Schäffer (2016b), S. 12, [13.11.2017]

Die Industrie 4.0 beeinflusst zudem den relevanten Zeithorizont der Unternehmens-steuerung, wodurch periodisch kürzere Betrachtungsweisen und unterjährige Steuerungszyklen an Bedeutung gewinnen.[244]

Die Kehrseite der immensen und neu zugänglichen Datenmengen von Big Data liegt darin, dass bereichsübergreifende Zusammenhänge nicht einbezogen werden und so das Management mit unvollständigen Entscheidungsempfehlungen versorgt wird. Um dem entgegenzuwirken ist ein zentrales Governance, also eine umfängliche Steuerung für Daten, erforderlich. Damit die Vollständigkeit der Daten gewährleistet und optimale Entscheidungsvorschläge gesichert werden.[245]

Die hier dargestellten Veränderungen der Unternehmenssteuerung zeigen primär einen Wandel in der Denkweise, in der Selbsteinschätzung und in den Kompetenzen des Controllers.[246]

Da die datenorientierte Unternehmenssteuerung, getrieben durch das neue Zeitalter von Industrie 4.0, noch am Anfang ihrer Entwicklung steht, muss sie noch etliche konzeptionelle, technische sowie organisatorische Barrieren bezwingen, damit ein wirkungsvolles Zusammenwirken der Daten, Konzepte, Methoden, Technologien, Prozesse sowie Menschen,[247] und schlussendlich auch der Unternehmenserfolg, mit einer zukunftsfähigen Steuerung, gesichert wird.[248] Dies verdeutlicht nochmals ein evolutionäres Fortschreiten der Industrie 4.0 im Unternehmen, statt eines revolutionären Fortschreitens.

3.3 Gezielte Weiterentwicklung der Controller-Kompetenzen – Der „Data Scientist"

Durch den im Punkt 2.2.2 kurz thematisierten und im Gang der Untersuchung immer präsenter werdenden Wandels hinsichtlich der Rolle des Controllers im Unternehmen, ist ein Anspruch auf neue Fachkenntnisse unvermeidbar. Die wohl grundlegendste Umsetzungshürde, in Verbindung mit Big Data, stellt fehlendes Fachpersonal dar.[249] Nur durch deren Weiterentwicklung wird der Controller in

---

[244] Vgl. Weber / Schäffer (2016b), S. 12, [13.11.2017]

[245] Vgl. Kieninger et al. (2015), S. 9

[246] Vgl. Kieninger et al. (2015), S. 9

[247] Vgl. Mehanna et al. (2016), S. 507

[248] Vgl. Kieninger et al. (2015), S. 11

[249] Vgl. Regelmann (2017), S. 88

der Lage sein alle Potenziale der Industrie 4.0 im Unternehmen umzusetzen und neue Handlungsfelder erfolgreich zu steuern.

Die Controlling-Kompetenzen werden im Zuge der steigenden Automatisierung der Aufgaben des Controllers mit höheren Anforderungen an die analytischen Fähigkeiten, aufgrund neuer Analysemethoden, sowie an die Instrumentenkenntnis, durch das neu zugängliche Instrumentarium, konfrontiert.[250]

Innerhalb der analytischen Fähigkeiten ist der Controller dafür verantwortlich die Komplexität der Digitalisierung innerhalb des Produktionsumfelds einzuschätzen und greifbar zu machen, damit er sich intensiv mit den Potenzialen neuer Dienstleistungen, der Verbesserung von Produktionsprozessen, der Bedeutung neuer Datenquellen oder der Beurteilung neuer Unternehmensrisiken auseinandersetzen kann.[251]

Die Instrumentenkenntnis erfordert vom Controller zunächst die Identifizierung des Wirkungsbereichs neuer Analyseinstrumente, wie Business Analytics, welche dem primären Ziel des Controllings, also der effizienteren Entscheidungsfindung im Unternehmen durch bislang unberücksichtigte Informationen, dienen, sowie folglich die Fähigkeit die neuen Instrumente im jeweiligem Wirkungsbereich auch anwenden zu können.[252]

Die nachfolgende Grafik veranschaulicht den Anstieg der Anforderungen an die Kernkompetenzen des Controllers durch die Industrie 4.0:

---

[250] Vgl. Thiele et al. (2016), S. 64
[251] Vgl. Seiter et al. (2015), S. 472
[252] Vgl. Seiter et al. (2015), S. 472

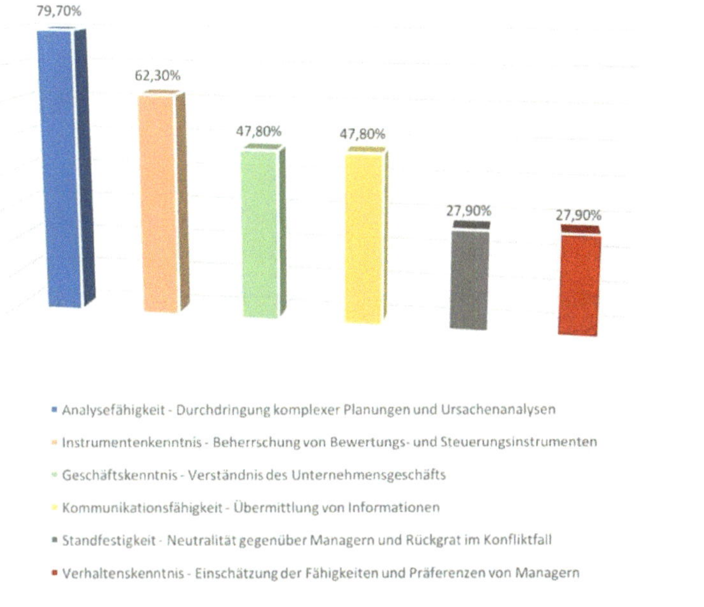

Abbildung 6: Anforderungen an die zentralen Controller-Kompetenzen im Zeitalter von Industrie 4.0

Quelle: Eigene Darstellung, in Anlehnung an Seiter et al. (2015), S. 473

Aufgrund der zunehmenden Verfügbarkeit der echtzeitbasierten Daten rückt die Hauptfunktion des Controllers noch stärker an die des Beraters von Führungskräften, da die Auswertung dieser Echtzeit-Daten für die strategische sowie operative Planung der Produktionsprozesse und der adäquaten Nutzung von Forecasts erfolgsentscheidend sein wird.[253]

Neben den steigenden Anforderungen durch neue Technologien der Industrie 4.0 an den Controller, ergeben sich ebenfalls Anforderungen an dessen Geschäftskenntnisse. Im Zuge der steigenden abteilungs- sowie unternehmensübergreifen-

---

[253] Vgl. Thiele et al. (2016), S. 80

den Zusammenarbeit und Steuerung der Mitarbeiter, muss der Controller auch zukünftig in der Lage sein spezifische Sachverhalte innerhalb der Wertschöpfungskette des Unternehmens optimal zu analysieren und zu interpretieren.[254]

Der Controller gewinnt zudem als Change Agent, also als Veränderungstreiber, an Bedeutung, sodass Kompetenzen für proaktive Impulse, steigende Kommunikations-fähigkeiten und Beharrlichkeit, ganzheitlichen Denkens sowie für den Umgang mit zukunftsgestaltenden Veränderungen erforderlich sind.[255] Diese neuen Heraus-forderungen gilt es künftig zu bewältigen und stellen den Controller vor eine evolutionäre Weiterentwicklung seiner Kompetenzen,[256] um eine erfolgreiche Unternehmenssteuerung weiterhin zu sichern und die Managementebene bei der Entscheidungsfindung mit den relevanten Informationen zu unterstützen.[257]

Die zunehmende Digitalisierung der Unternehmenssteuerung und die steigende Verwendung von datenorientierten Analysemethoden, wirft die Frage auf, ob der derzeitige Controller für dieses neu eröffnete Einsatzgebiet die optimale Wahl ist, um alle Potenziale von Industrie 4.0 durch Big Data oder Business Analytics gänzlichst auszuschöpfen. Nun ist abzuschätzen ob er durch einen *„Data Scientist"* ersetzt werden sollte, welcher alle erforderlichen technischen sowie analytischen Fähigkeiten besitzt, oder aber mittels Fortbildungsmaßnahmen hinsichtlich des notwendigen Know-Hows geschult werden sollte, um ein solcher Datenexperte zu werden.[258] Dafür gilt zunächst zu klären, welche Funktionen und Ziele ein Data Scientist verfolgt und in welcher Verbindung er mit einem Controller steht.

Die Kernfunktion des Data Scientist ist die Wissensgenerierung aus relevanten Daten, also ein wirtschaftliches Umgehen mit Daten.[259] Jedoch löst er in der Unternehmens-praxis bislang eine Unsicherheit über dessen exakte Einordnung sowie über dessen spezifische Aufgabenfelder aus.[260]

Der Data Scientist sammelt und identifiziert zunächst alle relevanten Daten, um sie anschließend zu kombinieren und in einen sinngemäßen Zusammenhang zu

---

[254] Vgl. ICV (2015), S. 38, [29.10.2017]

[255] Vgl. Thiele et al. (2016), S. 81

[256] Vgl. Thiele et al. (2016), S. 81

[257] Vgl. Seiter et al. (2015), S. 473

[258] Vgl. Thiele et al. (2016), S. 81

[259] Vgl. Regelmann (2017, S. 88

[260] Vgl. Regelmann (2017), S. 88

stellen, sodass sie letztendlich analysiert werden können. Mit dem Ziel die Führungsebene, durch die Generierung neuer betriebswirtschaftlicher Zusammenhänge und Erkenntnisse, bei der Entscheidungsfindung zu unterstützen.[261] Hier sind bereits große Parallelen hinsichtlich der Zielsetzung eines Controllers zu erkennen.

Das Rollenbild eines Data Scientists teilt sich in fünf Unterkategorien: Hacker, Scientist, Trusted Adviser, Quantitative Analyst sowie Business Expert, welche er für eine erfolgreiche Realisierung seiner Aufgaben zu vereinen hat.[262]

Der Hacker vereint die Fähigkeiten des Kodierens und Programmierens, also der Kenntnisse über Programmiersprachen, mit dem Verständnis von Big Data, indem er die vorhandenen Daten von verschiedenen Systemen extrahiert und in eine einfachere und korrekte Form transferiert, um sie folglich analysieren zu können.[263]

Der Scientist legt sein primäres Ziel auf persönlich gewonnene Eigenschaften, indem er seinen Fokus auf die Verbesserung des Improvisationsvermögens, des eigenständigen Arbeitens oder des dynamischen Erlernens neuer Fähigkeiten legt, welche sich für den Umgang der neuen Technologien durch Industrie 4.0 als fundamental erweisen würden.[264]

Der Trusted Advicer stellt einen vertrauensvollen Berater zwischen IT-Spezialisten und Führungskräften dar, indem er seine Kommunikationsfähigkeiten für zwischen-menschliche Interaktionen zur Verfügung stellt und die Führungskräfte bei ihrer Entscheidungsfindung auf Basis der IT-generierten Big Data unterstützt.[265]

Die Aufgabe des quantitativen Analysten liegt darin, die identifizierten und strukturierten Daten mittels mathematisch-statistischer Verfahren zu analysieren und sie für Dritte, weniger technologieaffine Mitarbeiter, beispielsweise mittels visueller Darstellungen, aufzubereiten und verständlich zu vermitteln.[266]

---

[261] Vgl. Regelmann (2017), S. 88
[262] Vgl. Regelmann (2017), S. 88
[263] Vgl. Regelmann (2017), S. 88
[264] Vgl. Regelmann (2017), S. 88
[265] Vgl. Regelmann (2017), S. 88
[266] Vgl. Regelmann (2017), S. 88

Abschließend sollte der Data Scientist ein Business Expert, also ein Wirtschaftsexperte, sein, indem er ein fundiertes Wissen über unternehmensinterne betriebswirtschaftliche Sachgebiete sowie gewisse Kenntnisse für den Geschäftsbereich mit sich bringt.[267]

Nur so wird der Data Scientist dazu in der Lage sein, Lösungen aus relevanten Unternehmensherausforderungen mithilfe von Industrie 4.0 Technologien abzuleiten.[268]

Diese fünf Unterkategorien verdeutlichen vielschichtige, umfangreiche und fachgebiets-übergreifende Anforderungen an den Data Scientist, wodurch es nur plausibel ist, dessen praktische Umsetzung im Unternehmen mittels einem Data-Science-Team, anstelle einer einzelnen Person, durchzuführen und so dem Rollenmodell gerecht zu werden.[269] Dies könnte wiederum zu Problemen hinsichtlich der verfügbaren Ressourcen von Unternehmen führen.

Controller und Data Scientists verfolgen dasselbe Ziel: die Führungsebene im Unternehmen bei der Entscheidungsfindung mittels relevanter Daten zu unterstützen und benötigen dafür grundlegende Kenntnisse über Geschäftsbereiche sowie Fähigkeiten in der zwischenmenschlichen Kommunikation.[270] Der gravierendste Unterschied liegt jedoch in der Herangehensweise, um die Ziele zu erreichen. Während sich der Controller auf die betriebswirtschaftliche Informationsversorgung fokussiert, indem er alle ihm zur Verfügung stehenden Quellen, unabhängig vom genutzten Instrumentarium, verwendet, liegt der Schwerpunkt beim Data Scientist auf der Informationsversorgung mittels neuer Analysemethoden auf Basis von Big Data, um das Maximum an unternehmensrelevanten Informationen zu erzeugen.[271] Damit stellt der Controller einen fachlichen und der Data Scientist einen methodischen Spezialisten dar.[272]

Die Tätigkeit eines Data Scientists, laut *Davenport* und *Patil „The Sexiest Job of the 21st Century"*[273], stellt damit keine völlig neue Funktion dar, sondern erweitert le-

---

[267] Vgl. Regelmann (2017), S. 88

[268] Vgl. Regelmann (2017), S. 88

[269] Vgl. Regelmann (2017), S. 88

[270] Vgl. Regelmann (2017), S. 89

[271] Vgl. Regelmann (2017), S. 89

[272] Vgl. Rießmann (2017), S. 89

[273] Davenport / Patil (2012), S. 1, [15.11.2017]

diglich das Aufgabenprofil eines Controllers um signifikante analytische Kenntnisse, unter der Verwendung neuer technologischer Entwicklungen, wie Big Data.[274]

Die Antwort auf die anfängliche Frage, ob der Controller die optimale Wahl für die Bewältigung dieser Aufgabengebiete ist, wird sich erst in den kommenden Jahren herauskristallisieren, wenn die Umsetzung in der Unternehmenspraxis gelingt, oder, aufgrund des doch zu großem Sprungs von einem Controller hin zu einem Data Scientist, scheitern wird.[275] Die individuellen Fähigkeiten jedes einzelnen Controllers sowie des jeweiligen Unternehmens sind ausschlaggebend, inwieweit der Controller die neuen Analysemethoden in seine Arbeit integrieren wird, um alle Aufgaben erfolgreich zu erfüllen.[276]

Viele Controller haben, aufgrund des Ressourcenmangels für Big Data Spezialisten gerade bei kleinen- und mittelständischen Unternehmen, keine andere Wahl, als sich selbst weiterzuentwickeln und diese neu entstandenen Lücken zu füllen.[277]

Ungeachtet des Einsatzes oder der Durchsetzung eines Data Scientists im Unternehmen, sollte der Controller auch im Zeitalter von Industrie 4.0 und der Generation von Big Data weiterhin danach streben, die *„Single Source of Truth"* zu bleiben.[278]

---

[274] Vgl. Regelmann (2017), S. 89
[275] Vgl. ICV (2014), S. 33, [03.11.2017]
[276] Vgl. ICV (2014), S. 33, [03.11.2017]
[277] Vgl. ICV (2014), S. 33, [03.11.2017]
[278] Vgl. ICV (2014), S. 33, [03.11.2017]

4 Schlussbetrachtung

Ziel dieser Bachelorarbeit war es die Unternehmenssteuerung, speziell das Controlling, vor dem Hintergrund der Industrie 4.0 zu beleuchten.

Durch die neuen Möglichkeiten der Industrie 4.0, einen Zugriff auf immense Datenmengen zu erhalten und Informationen in Echtzeit innerhalb der Prozesse sowie mit den verschiedenen Abteilungsebenen auszutauschen, wird das Controlling vor neue Herausforderungen gestellt. Diese teilen sich in steigende Anforderungen an die Kompetenzen des Controllers und in die zunehmende Automatisierung der Aufgaben.

Der steigende Anspruch an die Flexibilität der Controllinginstrumente und dessen Automatisierung, erfordert verschiedene Anpassungen.

Dabei müssen die herkömmlichen Planungsverfahren mithilfe von Big Data Analysen beweglicher gestaltet werden. Die Budgetierung wird den neuen Formen Better und Beyond Budgeting mehr Beachtung schenken oder die starren Budgetierungsverfahren, durch präzisere Prognosen der Forecasts, ersetzen müssen. Das Controlling muss vor allem in der Kosten- und Leistungsrechnung den relevanten Zeithorizont anpassen, sodass unterjährige und periodisch kürzere Betrachtungsweisen an Bedeutung gewinnen.

Durch den Einsatz von Big Data und Business Analytics können automatisierte und hoch effiziente Forecasts und Simulationen entwickelt werden, wodurch bereits im Vorfeld Verbesserungsmaßnahmen generiert sowohl die verschiedenen strategischen Optionen quantifiziert werden können. Der Controller wird zunehmend eine Beratungsfunktion im Unternehmen einnehmen, indem er das Management mit möglichst allen relevanten Informationen versorgt.

Die Industrie 4.0 erfordert ein wirkungsvolles Zusammenwirken von Daten, Konzepten, Methoden, Technologien, Prozessen sowie Menschen.

Im Laufe der Arbeit hat sich die existenzielle Rolle des Controllers, um wirklich alle unternehmensindividuellen Potenziale der Industrie 4.0 zu identifizieren, zu bewerten und zugleich erfolgreich im Unternehmen umzusetzen, immer klarer manifestiert.

Herauskristallisiert hat sich der gravierende Wandel im Berufsbild des Controllers, eine stetige Erweiterung der Fähigkeiten und Verantwortung.

Die heutigen fachlichen Kompetenzen, werden in Zukunft nicht ausreichen. Ungeachtet der Verschmelzung eines Data Scientists mit dem Controller, wird das Anforderungs-profil eines Controllers komplexer und abteilungsübergreifend.

Idealerweise hätte ein Controller der Zukunft folgende Fähigkeiten und Eigenschaften in sich zu vereinen:

interner Berater / Erzeugung von Entscheidungsgrundlagen / Sicherung der Rationalität der Führung / kollaborative Zusammenarbeit mit anderen Unternehmensabteilungen / zielorientierte Koordination von Informationsbeschaffung, Planung und Kontrolle / Ableitung, Einschätzung und Erreichung von Unternehmenszielen sowie Erfolgs-potenzialen / nachhaltige Sicherung des Unternehmenserfolgs / ökonomisches Gewissen / Bewertung von Kosten und Leistungen / Bewertung der Wirschaftlichkeit von Investitionen / Abweichungsanalysen / Unternehmenssteuerer / Identifizierung von Risiken, Chancen und Potenzialen / steigende Kommunikationsfähigkeiten und ganzheitliches Denken / eigenverantwortliches Handeln / hoher Anspruch auf Flexibilität und schnelle Reaktionsfähigkeit / Veränderungstreiber / proaktives Handeln / Technologieaffinität / analytische Fähigkeiten und Instrumentenkenntnisse / hohe Lern- und Weiterentwicklungsbereitschaft.

Bei aller Euphorie ist mir klargeworden, welches visionäre Zukunftsbild der Controller verkörpert. Andererseits hat die Bearbeitung dieser Bachelorarbeit einige persönliche Diskrepanzen eröffnet, dessen Lücken ich mit brennendem Wissensdurst versuchen werde zu schließen. Es wurde ersichtlich wie umfangreich, verantwortungsvoll, vielschichtig und zukunftsweisend das Berufsbild eines Controllers ist und das es sich um einen Beruf handelt, welcher einen Wandel mit uferlosen Möglichkeiten durchlebt.

Ich sehe voller Erwartung in die Zukunft und freue mich den Wandel des Controller-Berufsbildes aktiv mitzugestalten und zu formen.

Literaturverzeichnis

Baum et al. 2013

Baum, Heinz-Georg / Coenenberg, Adolf Gerhard / Günther, Thomas: Strategisches Controlling, 5., überarbeitete und ergänzte Auflage, Schäffer-Poeschel Verlag, Stuttgart 2013.

Biel 2015

Biel, Alfred: Industrie 4.0 – eine neue Herausforderung. Anforderungen und Folgen industrieller Digitalisierung. Interview mit Dr. Gerhard Dauner, KPMG- Partner, Leiter des Bereiches Industrial Manufacturing. In: Controller Magazin 2/2015, Haufe, München 2015.

BMBF 2013

Bundesministerium für Bildung und Forschung: Zukunftsbild Indusrie 4.0, in: https://www.bmbf.de/pub/Zukunftsbild_Industrie_4.0.pdf, 2013, [02.11.2017].

BMBF 2016

Bundesministerium für Bildung und Forschung (Zukunftsprojekt Industrie 4.0, 2016): Digitale Wirtschaft und Gesellschaft: Industrie 4.0, in: https://www.bmbf.de/de/zukunftsprojekt-industrie-4-0-848.html, [11.10.2017].

BMWi 2015

Bundesministerium für Wirtschaft und Energie (Hrsg.): Industrie 4.0 und Digitale Wirtschaft . Impulse für Wachstum, Beschäftigung und Innovation, Berlin 2015, in: https://www.bmwi.de/Redaktion/DE/Publikationen/Industrie/industrie -4-0-und-digitale-wirtschaft.pdf?__blob=publicationFile&v=3, [02.11.2017].

BMWi 2017

Bundesministerium für Wirtschaft und Energie (Hrsg.) 2017: Plattform Industrie 4.0, in: http://www.plattform-i40.de/I40/Navigation/DE/Plattform/Plattform-Industrie-40/plattform-industrie-40.html, [25.10.2017].

Buchholz 2009

Buchholz, Liane: Strategisches Controlling: Grundlagen – Instrumente – Konzepte, 1. Auflage, Gabler Verlag, Wiesbaden 2009.

COPA-DATA

Das Magazin von COPA-DATA,: Smart Factory, Information Unlimited, Ing. Punzenberger COPA-DATA GmbH, in:
https://www.copadata.com/de/downloads/magazin-information-unlimited/ - Vol. 26, oder: https://www.copadata.com/de/hmi-scada-loesungen/smart-factory/, [25.10.2017].

Davenport / Patil 2012

Davenport, Thomas, Patil, D.: Data Scientist: The Sexiest Job of the 21st Century, Harvard Business Review,
http://tw.rpi.edu/media/2013/08/26/10d3e/Data_Scientist__The_Sexiest_Job_of_the_21st_Century_-_Harvard_Business_Review.pdf, 2012, [15.11.2017].

Deimel et al. 2013

Deimel, Klaus / Heupel, Thomas / Wiltinger, Kai: Controlling, 1. Auflage, Vahlen, München 2013.

Diederichs 2012

Diederichs, Marc: Risikomanagement und Risikocontrolling, 3 vollständig überarbeitete Auflage, Vahlen Verlag, München 2012.

Diegner 2014

Diegner, Bernhard (2014): Plattform Industrie 4.0, in:
http://vdma.org/documents/106133/4697460/Plattform%20Industrie%204.0/780d7772-9489-4f8a-8b3f-e4b9f416ed81, [24.10.2017].

Fallenbeck / Eckert 2017

Fallenbeck, Niels / Eckert, Claudia: IT-Sicherheit und Cloud Computing, in: Vogel-Heuser, Birgit / Bauernhansl, Thomas / Hompel, Michael ten: Handbuch Industrie 4.0 Bd. 4: Allgemeine Grundlagen, 2. Auflage, Springer-Verlag, Berlin 2017, S. 137-170.

Gleich / Lauber 2013

Gleich, Ronald / Lauber, Alina: Ein aktuelles Kompetenzmodell für Controller, in: Controlling-Zeitschrift für erfolgsorientierte Unternehmenssteuerung, 25 Jahrgang, Heft 10, Vahlen, München 2013, S. 512-514.

Gleich et al. 2014

Gleich, Ronald / Grönke, Kai / Kirchmann, Markus / Leyk, Jörg (Hrsg.): Controlling und Big Data. Anforderungen, Auswirkungen, Lösungen, 1. Auflage, Haufe-Verlag, Planegg/München 2014.

Gleich et al. 2015

Gleich, Ronald / Schentler, Peter / Tschandl, Martin / Rieg, Robert / Kraus, Udo / Michel, Uwe: Moderne Budgetierung im Überblick, in: Gleich, Ronald (Hrsg.): Moderne Instrumente der Planung und Budgetierung. Innovative Ansätze und Best Practice für die Unternehmenssteuerung, 2. Aufl., Haufe, Planegg/München 2015, S. 33-54.

Gleich et al. 2016

Gleich, Ronald / Losbichler, Heimo / Zierhofer, Rainer (Hrsg.): Unternehmenssteuerung im Zeitalter von Industrie 4.0. Wie Controller die digitale Transformation erfolgreich steuern, 1. Auflage, Haufe Verlag, München 2016.

Gleich et al. 2016a

Gleich, Ronald / Munck, Jan / Riechmann, Daniel: Industrie 4.0: Revolution oder Evolution? Grundlagen und Auswirkungen auf das Controlling, in: Gleich et al. (2016), S. 21-42.

Gleich et al. 2016b

Gleich, Ronald / Thiele, Philipp / Munck, Jan Christoph: Auswirkungen von Industrie 4.0 auf das Produktionscontrolling von morgen. In: Controller Magazin 3/2016, Haufe, München 2016.

Gräf / Isensee 2013

Gräf, Jens / Isensee, Johannes: Mit prozessorientiertem Performance Management zur Controlling Excellence, in: Gleich, Ronald (Hrsg.): Controllingprozesse optimieren, Haufe Verlag, München 2013, S. 75-94.

Grawe 2016

Grawe, Christian: Smart Factory, in: Controlling-Zeitschrift für erfolgsorientierte Unternehmenssteuerung, Jahrgang 28, Heft 8, Vahlen, Stuttgart 2016, S. 362-363.

Haußmann et al. 2016

Haußmann, Clemens / Lachenmaier, Jens / Lasi, Heiner / Kemper, Hans-Georg: Produktkalkulation im Kontext von industrie 4.0, in: Obermaier, Robert (Hrsg.): Industrie 4.0 als unternehmerische Gestaltungsaufgabe. Betriebswirtschaftliche, technische und rechtliche Herausforderungen, Springer Gabler, Wiesbaden 2016, S. 245-251.

Hess / Gschmack 2015

Hess, Thomas / Gschmack, Sigrid: Die Bedeutung von Big Data im Controlling, in: Controlling-Zeitschrift für erfolgsorientierte Unternehmenssteuerung, Jahrgang 27, Heft 4/5, Vahlen, Stuttgart 2015, S. 256-262.

Hesseler / Görtz 2007

Hesseler, Martin / Görtz, Marcus: Basiswissen ERP-Systeme: Auswahl, Einführung & Einsatz betriebswirtschaftlicher Standartsoftware, 1. Auflage, W3l Verlag, Dortmund 2007.

Hillmer 2016

Hillmer, Hans-Jürgen: Kapitalmarktorientierte Rechnungslegung: Digitalisierung im Reporting, Heft 10 vom 07.10.2016, in: https://www.wiso-net.de/document/KOR_KORKOR1215798, [12.10.2017].

Hirsch-Kreinsen / Weyer 2014

Hirsch-Kreinsen, Hartmut (Hrsg.) / Weyer, Johannes: Wandel von Produktionsarbeit – „Industrie 4.0". In: Soziologisches Arbeitspapier (2014) Nr. 38, in: https://www.wiwi.tu-dortmund.de/wiwi/ts/de/forschung/veroeff/soz_arbeitspapiere/AP-SOZ-38.pdf, S. 1-44, [24.10.2017].

Hoffjan et al. 2017

Hoffjan, Andreas / Schumacher, Christin / Galant, Ivan: Echtzeitsteuerung, in: Controlling ohne Controller?: Die Zukunft des Controllers, Controlling-Zeitschrift für erfolgsorientierte Unternehmenssteuerung, Sonderausgabe, Jahrgang 29, Heft K, Vahlen, Stuttgart 2017, S. 31-35.

Hofmann et al. 2006

Hofmann, Stefan / Gleich, Ronald / Leyk, Jörg: Planungs- und Budgetierungsinstrumente. Innovative Ansätze und Best-Practice für den Managementprozess, 1. Auflage, Haufe Verlag, Freiburg 2006.

Horváth et al. 2015

Horváth, Péter/ Gleich, Ronald/ Seiter, Mischa: Controlling, 13., komplett überarbeitete Auflage, Franz Vahlen Verlag, München 2015.

Horváth / Michel 2014

Horváth, Peter / Michel, Uwe (Hrsg.): Controller Agenda 2017: Trends und Best Practices, Schäffer Poeschel, Stuttgart 2014.

Hung Vo 2015

Hung Vo, Paul: Die Automobilindustrie und die Bedeutung innovativer Industrie 4.0 Technologien, Diplomica Verlag, Hamburg 2015.

ICV 2014

Internationaler Controller Verein (ICV) Dream Car: Big Data – Potenzial für den Controller, in: https://www.icv-control-ling.com/fileadmin/Assets/Content/AK/Ideenwerkstatt/Files/ICV_Ideen werkstatt_DreamCar-Bericht_BigData.pdf, 2014, [03.11.2017].

ICV 2015

Internationaler Controller Verein (ICV): Industrie 4.0. Controlling im Zeitalter der intelligenten Vernetzung. Dream Car der Ideenwerkstatt im ICV 2015, in: https://www.icv-control-ling.com/fileadmin/Assets/Content/AK/Ideenwerkstatt/Files/Dream_Ca r_Industrie4.0_DE.pdf, Gauting 2015, [29.10.2017].

Jolbauer / Straßer 2016

Jolbauer, Herbert / Straßer, Sonja: Geschäftsmodellinnovationen basierend auf Industrie 4.0 sichern den zukünftigen Erfolg der Unternehmen, in. Gleich et al. (2016), S. 109-122.

Jórasz 2009

Jórasz, William: Kosten- und Leistungsrechnung, Lehrbuch mit Aufgaben und Lösungen, 5. überarbeitete Auflage, Schäffer-Poeschel Verlag, Stuttgart 2009.

Jung 2014

Jung, Hans: Controlling, 4. aktualisierte Auflage, De Gruyter Oldenbourg Verlag, München 2014.

Kagermann et al. 2013

Kagermann, Henning / Wahlster, Wolfgang / Helbig, Johannes (Hrsg.): Umsetzungsempfehlungen Industrie 4.0, 2013: Deutschlands Zukunft als Produktionsstandort sichern: Umsetzungsempfehlungen für das Zukunftsprojekt Industrie 4.0: Anschlussbericht des Arbeitskreises Industrie 4.0, in: https://www.bmbf.de/files/Umsetzungsempfehlungen_Industrie4_0.pdf, [15.10.2017].

Kagermann 2014

Kagermann, Henning: Chancen von Industrie 4.0 nutzen, in: Bauernhansl, Thomas / Hompel, Michael ten / Vogel-Heuser, Birgit (Hrsg.): Industrie 4.0 in Produktion, Automatisierung und Logistik, Springer Verlag, Wiesbaden 2014, S. 601-614.

Kavandi 1998

Kavandi, Shabnam: Ziel- und Prozeßkostenmanagement als Controllinginstrument, Dissertation, Deutscher Universitäts Verlg, Göttingen 1998.

Kieninger et al. 2015

Kieninger, Michael / Michel, Uwe / Mehanna, Walid: Auswirkungen der Digitalisierung auf die Unternehmenssteuerung, Fachartikel, Erschienen in: Horváth, Peter / Michel, Uwe (Hrsg.): Controlling im digitalen Zeitalter. Herausforderungen und Best Practice-Lösungen, Schäffer-Poeschel Verlag, Stuttgart 2015, oder in: https://www.horvath-partners.com/fileadmin/horvath-part-ners.com/assets/05_Media_Center/PDFs/deutsch/E_Auswirkungen_Digitalisierung_SCF_Mehanna_Kieninger_Michel.pdf, [12.11.2017], S. 3-13.

Kieninger et al. 2016

Kieninger, Michael / Mehanna, Walid / Vocelka, Alexander: Wie Big Data das Controlling verändert, in: Controlling-Zeitschrift für erfolgsorientierte Unternehmenssteuerung, Jahrgang 28, Heft 4/5, Vahlen, Stuttgart 2016, S. 241-247.

Kieninger / Schimank 2017

Kieninger, Michael / Schimank, Christof: Auf dem Weg zur digitalisierten Unternehmenssteuerung, in: Kieninger, Michael (Hrsg.): Digitalisierung der Unternehmenssteuerung. Prozessautomatisierung, Business Analytics, Big Data, SAP S/HANA, Anwendungsbeispiele, Schäffer-Poeschel Verlag, Stuttgart 2017, S. 3-18.

Kirsch 2016

Kirsch, Victoria: Wirtschaftlichkeitsanalyse am Beispiel eines Assistenzsystems für den Fertigungsbereich, in: Gleich et al. (2016), S. 123-140.

Kirschten 1998

Kirschten, Uta: Einführung eines Öko-Controlling, Deutscher Universitäts Verlag, Wiesbaden 1998.

Köhler et al. 2015

Köhler, Peter / Six, Bjorn / Michels, Stefan: Industrie 4.0: Ein Überblick, in: Köhler-Schute, Christiana (Hrsg.): Industrie 4.0: Ein praxisorientierter Ansatz, KS-Energy-Verlag, Berlin 2015, S. 17-43.

Küpper et al.

Küpper, Hans-Ulrich / Friedl, Gunther / Hofmann, Christian / Hofmann, Yvette / Pedell, Burkhard: Controlling – Konzeption, Aufgaben, Instrumente, Schäffer-Poeschel Verlag, 6. überarbeitete Auflage, Stuttgart 2013.

Lindemann et al. 2006

Lindemann, Udo / Reichwald, Ralf / Zäh, Michael (Hrsg.): Individualisierte Produkte – Komplexität beherrschen in Entwicklung und Produktion, Springer, Berlin 2006.

Lingnau / Brenning 2015

Lingnau, Volker / Brenning, Matthias: Komplexität, Flexibilität und Unsicherheit – Konzeptionelle Herausforderungen für das Controlling durch Industrie 4.0, in: Controlling-Zeitschrift für erfolgsorientierte Unternehmenssteuerung, 27 Jahrgang, Heft 8-9, Vahlen, München 2015, S. 455-460.

Manzei et al. 2017

Manzei, Christian / Schleupner, Linus / Heinze, R. (Hrsg.): Industrie 4.0 im internationalen Kontext: Kernkonzepte, Ergebnisse, Trends, 2. Auflage, VDE Verlag, Berlin 2017.

Mehanna 2015

Mehanna Walid: Quo vadis? Digitalisierung im Controlling am Beispiel von Big Data, Fachartikel in: Business Intelligence Lösungs-Guide: is report, Ausgabe 4/2015.

Mehanna et al. 2016

Mehanna, Walid / Tatzel, Jan / Vogel, Philipp: Business Analytics im Controlling – Fünf Anwendungsfelder, in: Controlling- Zeitschrift für erfolgsorientierte Unternehmenssteuerung, Jahrgang 28, Heft 8/9, Vahlen, Stuttgart 2016, S. 502-508.

MPDV 2014

MPDV Mikrolab GmbH (Hrsg.): Management Support. Mit Kennzahlen die Produktion im Griff, Mosbach 2014, in:
http://www.etz.de/files/whitepaper_management-support_web.pdf,
[18.10.2017].

Müller / Wildau 2009

Müller, Jochem / Wildau, Nadin: Basis-Kompendium für Controller. Das kompakte Nachschlagewerk für Einsteiger und Profis, 1. Auflage, Eul Verlag, Lohmar 2009.

New Solutions GmbH

New Solutions GmbH: Lösungen für „Industrie 4.0" – Internet der Dinge. in: http://www.new-solutions.com/Industrie-4-0.internet-der-dinge-anwendungen.0.html, [24.10.2017].

Peemöller 1990

Peemöller, Volker: Controlling, Grundlagen und Einsatzgebiete, Verlag Neue Wirtschafts-Briefe, 1. Auflage, Berlin 1990.

Preißler 2000

Preißler, Peter: Controlling-Lehrbuch und Intensivkurs, 12. unwesentlich veränderte Auflage, Oldenbourg Verlag, München 2000.

Regelmann 2017

Regelmann, Philipp: Data Scientist, in: Controlling-Zeitschrift für erfolgsorientierte Unternehmenssteuerung, Jahgang 29, Heft 2, Vahlen, Stuttgart 2017, S. 88-89.

Roth 2016

Roth, Armin (Hrsg.): Einführung und Umsetzung von Industrie 4.0 – Grundlagen, Vorgehensmodell und Use Cases aus der Praxis, Springer-Verlag, Heidelberg/Berlin 2016.

Roth 2016a

Roth, Armin: Industrie 4.0 – Hype oder Revolution, in: Roth (2016), S. 1-16.

Rusch et al. 2016

Rusch, Marc / Treusch, Oliver / David, Ute / Seiter, Mischa: Industrie 4.0 – Controllers Aufgaben. Ansatz zur Umsetzung von Industrie 4.0 in der betrieblichen Praxis, Controller Magazin, 3. Ausgabe, Jg 41, Heft 3/2016, Haufe, München 2016.

Sauter et al. 2016

Sauter, Ralf / Bode, Maximilian / Kittelberger, Daniel: Digital Transformation in
Manufacturing Industries. Wie Industrie 4.0 das Controlling verändert, in:
Gleich et al. (2016), S. 141-156.

Scheer 2015

Scheer, August-Wilhelm: Industrie 4.0: Von der Vision zur Implementierung, in:
Controlling-Zeitschrift für erfolgsorientierte Unternehmenssteuerung,
Jahrgang 27, Heft 8/9, Vahlen, Stuttgart 2015, S. 442-451.

Schöning / Dorchain 2014

Schöning, Harald / Dorchain, Marc: Data Mining und Analyse, in: Bauernhansl,
Thomas / Hompel, Michael ten / Vogel-Heuser, Birgit (Hrsg.): Industrie 4.0
in Produktion, Automatisierung und Logistik, Springer Verlag, Wiesbaden
2014, S. 543-555.

Schroeter 2002

Schroeter, Bernhard: Operatives Controlling, Augaben, Objekte, Instrumente, 1.
Auflage, Springer-Verlag, Wiesbaden 2002.

Seiter et al. 2015

Seiter, Mischa / Sejdic, Goran / Rusch, Marc: Welchen Einfluss hat Industrie 4.0
auf die Controlling-Prozesse?, in: Controlling-Zeitschrift für erfolgsorientierte Unternehmenssteuerung, 27 Jahrgang, Heft 8-9, Stuttgart 2015, S.
466-474.

Sejdic 2015

Sejdic, Goran: Industrie 4.0, in: Controlling-Zeitschrift für erfolgsorientierte
Unternehmenssteuerung, Jahrgang 27, Heft 2, Vahlen, Stuttgart 2015, S.
132-133.

Sendler 2013

Sendler, Ullrich: Industrie 4.0 – Beherrschung der industriellen Komplexität
mit SySLM (Systems Lifecycle Management), Springer Verlag, Heidelberg
2013.

Siepmann 2016a

Siepmann, David: Industrie 4.0 – Struktur und Historie, in: Roth (2016), S. 17-
34.

Siepmann 2016b

Siepmann, David: Industrie 4.0 - Fünf zentrale Paradigmen, in: Roth (2016), S.
35-46.

Siepmann 2016c

Siepmann, David: Industrie 4.0 Technologische Komponenten, in: Roth (2016),
S. 47-72.

Siepmann / Roth 2016

Siepmann, David / Roth, Armin: Industrie 4.0 – Ausblick, in: Roth (2016), S.
247-260.

Steuernagel 2017

Steuernagel, Axel: Strategische Unternehmenssteuerung im digitalen Zeitalter.
Theorien, Methoden und Anwendungsbeispiele, Springer Gabler Verlag,
Wiesbaden 2017.

Stichter 2013

Stichter, Maximilian: Predictive Analytics, in: Controlling-Zeitschrift für erfolgsorientierte Unternehmenssteuerung, Jahrgang 25, Heft 10, Vahlen, Stuttgart 2013, S. 573-574.

Taschner 2013

Taschner, Andreas: Management Reporting, Erfolgsfaktor internes Berichtswesen, Springer Verlag, Wiesbaden 2013.

Thiele et al. 2016

Thiele, Philipp / Munck, Jan / Riechmann, Daniel: Controller-Kompetenzen im
Zeitalter von Industrie 4.0 gezielt weiterentwickeln, in: Gleich et al.
(2016), S. 61- 84.

Tschandl / Mallaschitz 2016

Tschandl, Martin / Mallaschitz, Christopher: Industrie 4.0: Controller als Treiber einer strategischen Neuausrichtung, in: Gleich et al. (2016), S. 85-106.

Vollmuth 2003

Vollmuth, Hilmar: Controlling-Instrumente von A-Z, 6. erweiterte Auflage, Haufe Verlag, München 2003.

Vollmuth 2017

Vollmuth, Hilmar: Controllinginstrumente, 6. durchgesehene Auflage, Haufe, Freiburg 2017.

Weber / Hirsch 2002

Weber, Jürgen (Hrsg.) / Hirsch, Bernhard: Controlling als akademische Disziplin – Eine Bestandsaufnahme, 1. Auflage, Deutscher Universitäts-Verlag, Wiesbaden 2002.

Weber / Schäffer 2016a

Weber, Jürgen / Schäffer, Utz: Einführung in das Controlling, 15., überarbeitete und aktualisierte Auflage, Schäffer-Poeschel Verlag, Stuttgart 2016.

Weber / Schäffer 2016b

Weber, Jürgen / Schäffer, Utz: Die Digitalisierung wird das Controlling radikal verändern, in: https://www.whu-on-controlling.com/fileadmin/data_whu-on-controlling/Zukunftsthemen/WHU-on-Controlling-CMR-Digitalisierung-Controlling-Deutsch.pdf, IMC, [13.11.2017].

Weide 2009

Weide, Gonn: Management Reporting, in: Controlling-Zeitschrift für erfolgsorientierte Unternehmenssteuerung, 21 Jahrgang, Heft 1, Vahlen, Stuttgart 2009, S. 5-12.

Weißmann 2005

Weißmann, Fritz: Unternehmen steuern mit Controlling: Leitfaden und Toolbox für die Praxis, Springer Verlag, Berlin 2005.

Wermter 2014

Wermter, Matthias: Strategisches Controlling: Grundlagen – Instrumente – Konzepte, 1. Auflage, Gabler Verlag, Wiesbaden 2009.

Zyder 2006

Zyder, Michael: Die Gestaltung der Budgetierung, Dissertation, 1. Auflage, Deutscher Universitätsverlag, Oestrich-Winkel 2006.